TIELOY

PERIGO NA MATA

FEB

Copyright © 2008 by
FEDERAÇÃO ESPÍRITA BRASILEIRA – FEB

1ª edição – 3ª impressão – 1 mil exemplares – 10/2014

ISBN 978-85-7328-573-4

Todos os direitos reservados. Nenhuma parte desta publicação pode ser reproduzida, armazenada ou transmitida, total ou parcialmente, por quaisquer métodos ou processos, sem autorização do detentor do *copyright*.

FEDERAÇÃO ESPÍRITA BRASILEIRA – FEB
Av. L2 Norte – Q. 603 – Conjunto F (SGAN)
70830-106 – Brasília (DF) – Brasil
www.febeditora.com.br
editorial@febnet.org.br
+55 61 2101 6198

Pedidos de livros à FEB
Gerência comercial – Rio de Janeiro
Tel.: (21) 3570 8973/ comercialrio@febnet.org.br
Gerência comercial – São Paulo
Tel.: (11) 2372 7033/ comercialsp@febnet.org.br
Livraria – Brasília
Tel.: (61) 2101 6161/ falelivraria@febnet.org.br

Texto revisado conforme o novo acordo ortográfico.

Dados Internacionais de Catalogação na Publicação (CIP)
(Federação Espírita Brasileira – Biblioteca de Obras Raras)

T562p   Tieloy, 1935–

         Perigo na mata / Tieloy; [ilustrações Lourival Bandeira de Melo Neto]. – 1.ed. – 3.imp. – Brasília: FEB, 2014.

         73 p.; il. color.; 25cm

         ISBN 978-85-7328-573-4

         1. Conduta – Literatura infantojuvenil. 2. Solução de problemas – Literatura infantojuvenil. 3. Literatura infantojuvenil brasileira. I. Melo Neto, Lourival Bandeira de. II. Federação Espírita Brasileira. II. Título.

         CDD 028.5
         CDU 087.5
         CDE 81.00.00

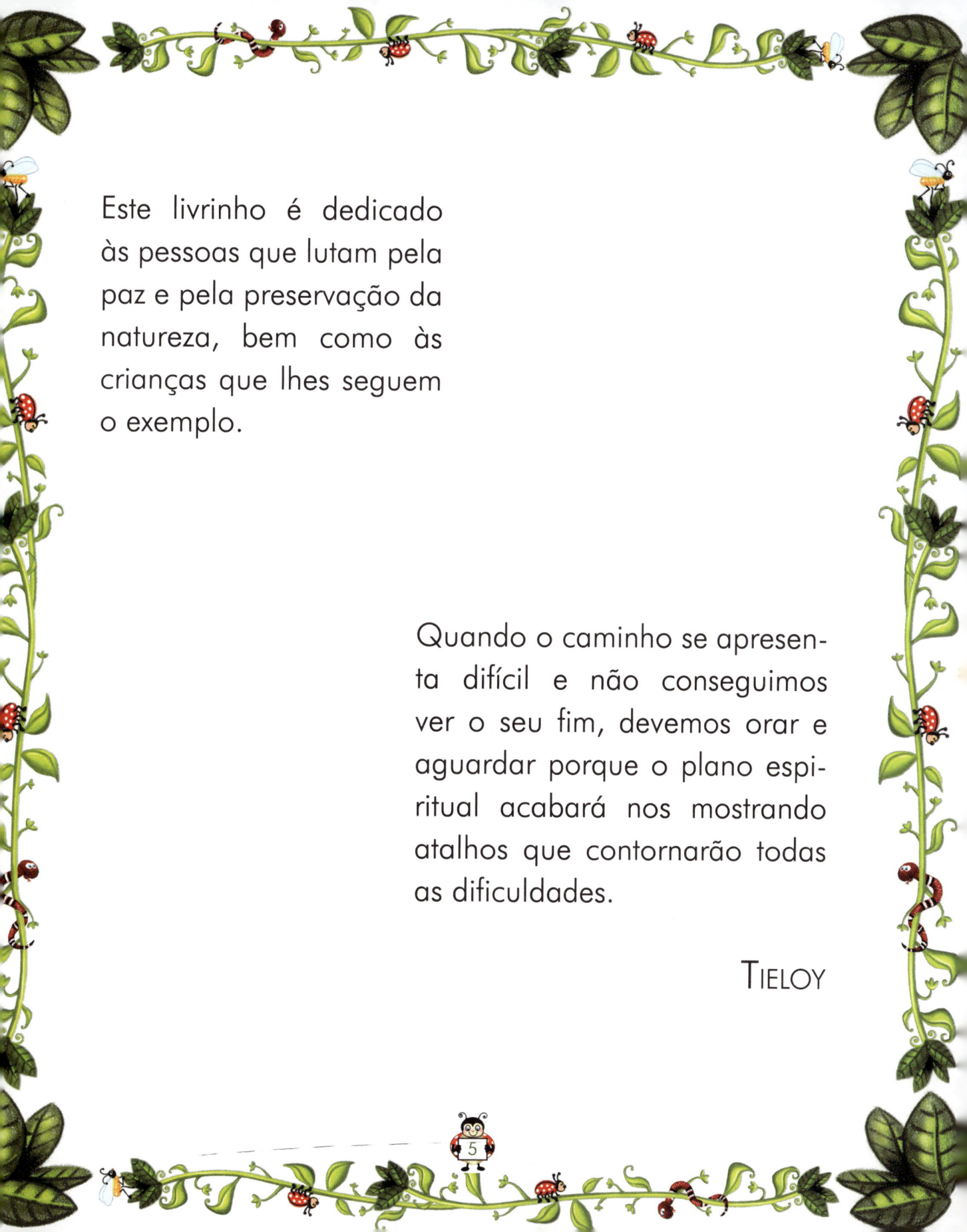

Este livrinho é dedicado às pessoas que lutam pela paz e pela preservação da natureza, bem como às crianças que lhes seguem o exemplo.

Quando o caminho se apresenta difícil e não conseguimos ver o seu fim, devemos orar e aguardar porque o plano espiritual acabará nos mostrando atalhos que contornarão todas as dificuldades.

TIELOY

O tico-tico chegou esbaforido à clareira do grande jatobá onde o Rei Gato-do-Mato tinha a sua toca e seu trono de pedra:

— O que é isso, Senhor Tico-tico? — perguntou a garça. — Que correria é essa? Assim o senhor assusta todo mundo!

O tico-tico parou para respirar e tentar se acalmar um pouco antes de falar:

— Vim o mais rápido que pude, Dona Garça, e trago grandes novidades! O Rei precisa me receber imediatamente porque acho que estamos correndo um grande perigo! PERIGO!!

— E que perigo é esse? Posso saber?

— Não! Não, Dona Garça! Chame o Rei! É urgente!

— Está bem! — concordou a garça. — Mas vê se o senhor se acalma um pouco. Espere aqui que eu vou chamar Sua Majestade.

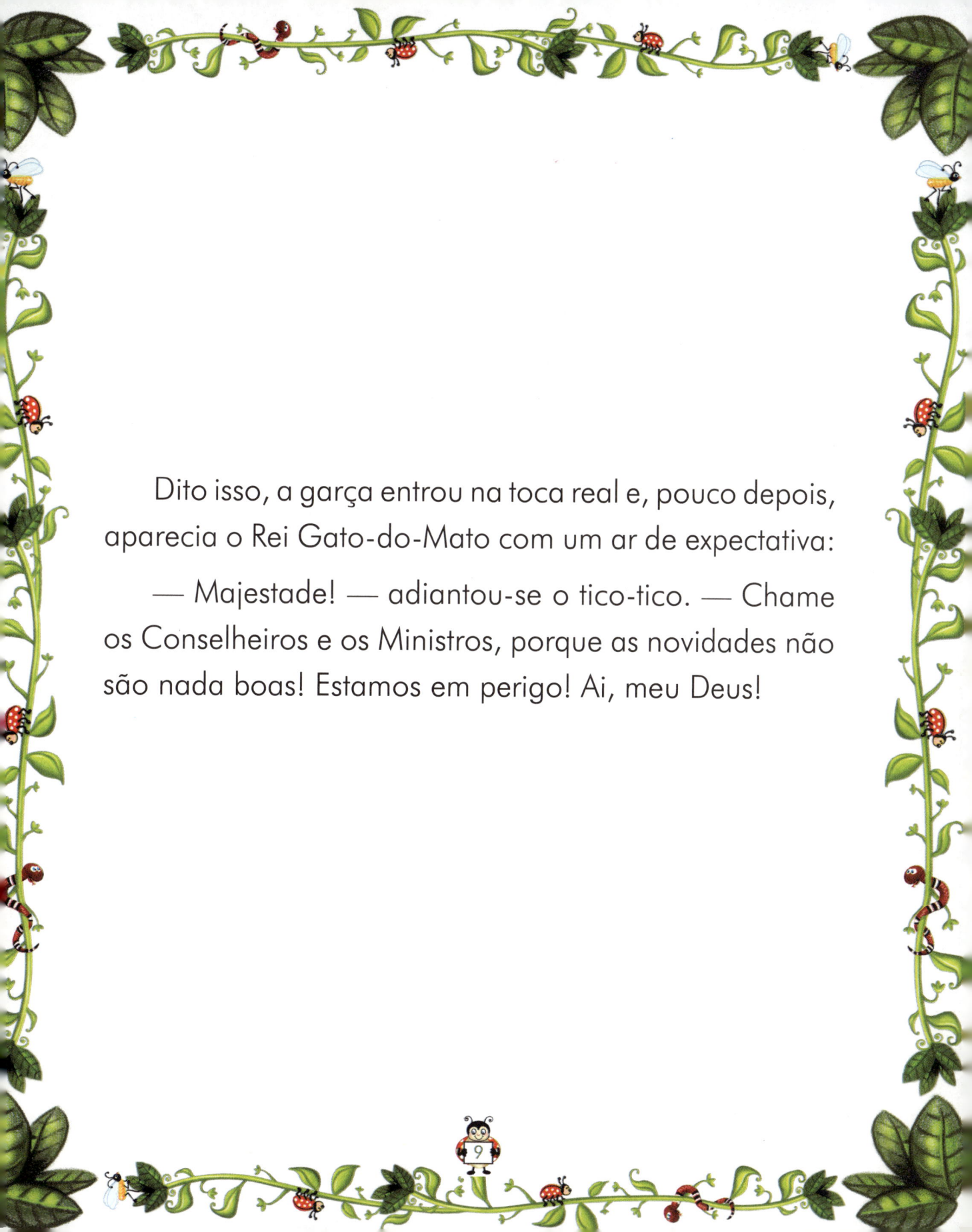

Dito isso, a garça entrou na toca real e, pouco depois, aparecia o Rei Gato-do-Mato com um ar de expectativa:

— Majestade! — adiantou-se o tico-tico. — Chame os Conselheiros e os Ministros, porque as novidades não são nada boas! Estamos em perigo! Ai, meu Deus!

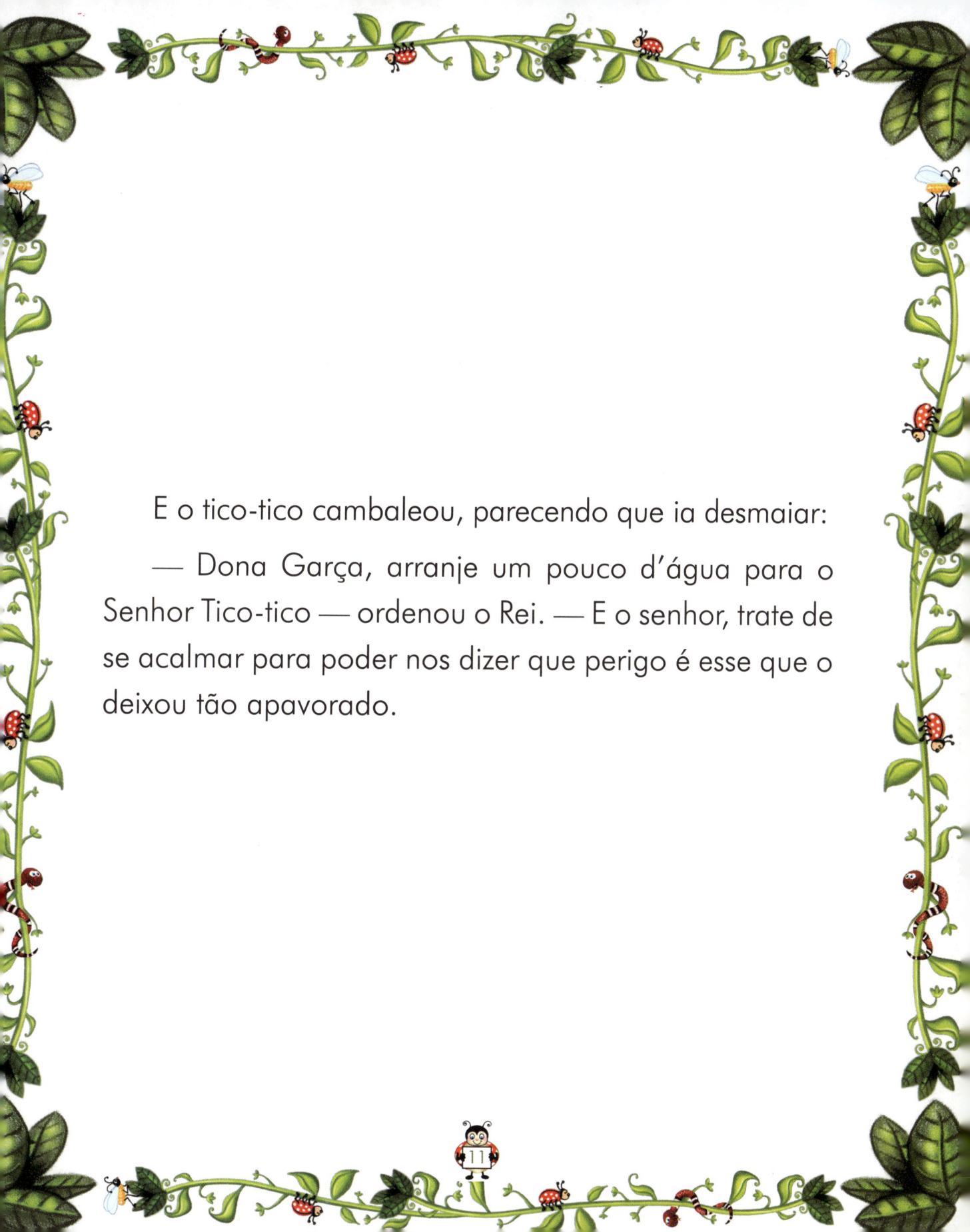

E o tico-tico cambaleou, parecendo que ia desmaiar:

— Dona Garça, arranje um pouco d'água para o Senhor Tico-tico — ordenou o Rei. — E o senhor, trate de se acalmar para poder nos dizer que perigo é esse que o deixou tão apavorado.

E, enquanto a garça foi buscar a água, entraram na clareira o Senhor Macaco e o Senhor Cateto,[1] e este, que parecia um tanto trêmulo das pernas e trazia os olhos muito arregalados, foi logo cumprimentando:

— *Bondade, Majestia!* Viemos ver o que *estendo aconteçá!*

— Como disse? — perguntou o Rei. — Eu não entendi nada do que o senhor falou. Quer repetir, por favor?

— Eu perguntei o que *estendo aconteçá!* Estou *ficoso nervando!* Parece que o *mando está acabundo!*

O Rei olhou para o macaco como quem espera uma explicação:

— Não se preocupe, Majestade! Esse medroso ouviu, de longe, a palavra perigo. Ficou todo apavorado e, quando ele fica assim, não diz coisa com coisa; troca as palavras. Eu já lhe recomendei que tivesse calma e aguardasse mais informações, mas ele não para de tremer.

— Essa agora! — comentou o Rei. — Temos aqui um ministro desequilibrado!

---

[1] Animal parecido com o porco-do-mato.

O tico-tico já havia bebido a água e estava mais calmo:

— E aí, Senhor Tico-tico? — perguntou o Rei. — Está pronto para falar?

— Estou, Majestade!

— Então fale — ordenou o Rei.

— A Mata do Jatobazão corre perigo, Majestade! A Fazenda das Capivaras foi vendida e os novos donos já chegaram. Eu acho que eles gostam de caçar, porque vi espingardas no caminhão de mudança. Fiquei com muito medo, pois não temos caçadores por aqui já faz um tempão e estamos acostumados a andar livremente por aí. Agora eu acho que todos devem ser avisados para que evitem andar lá por perto. E temos que guardar nossas fronteiras dia e noite para evitar uma tragédia. Se Vossa Majestade quiser, vou já ficar de vigia e volto se houver algum movimento de caçadores.

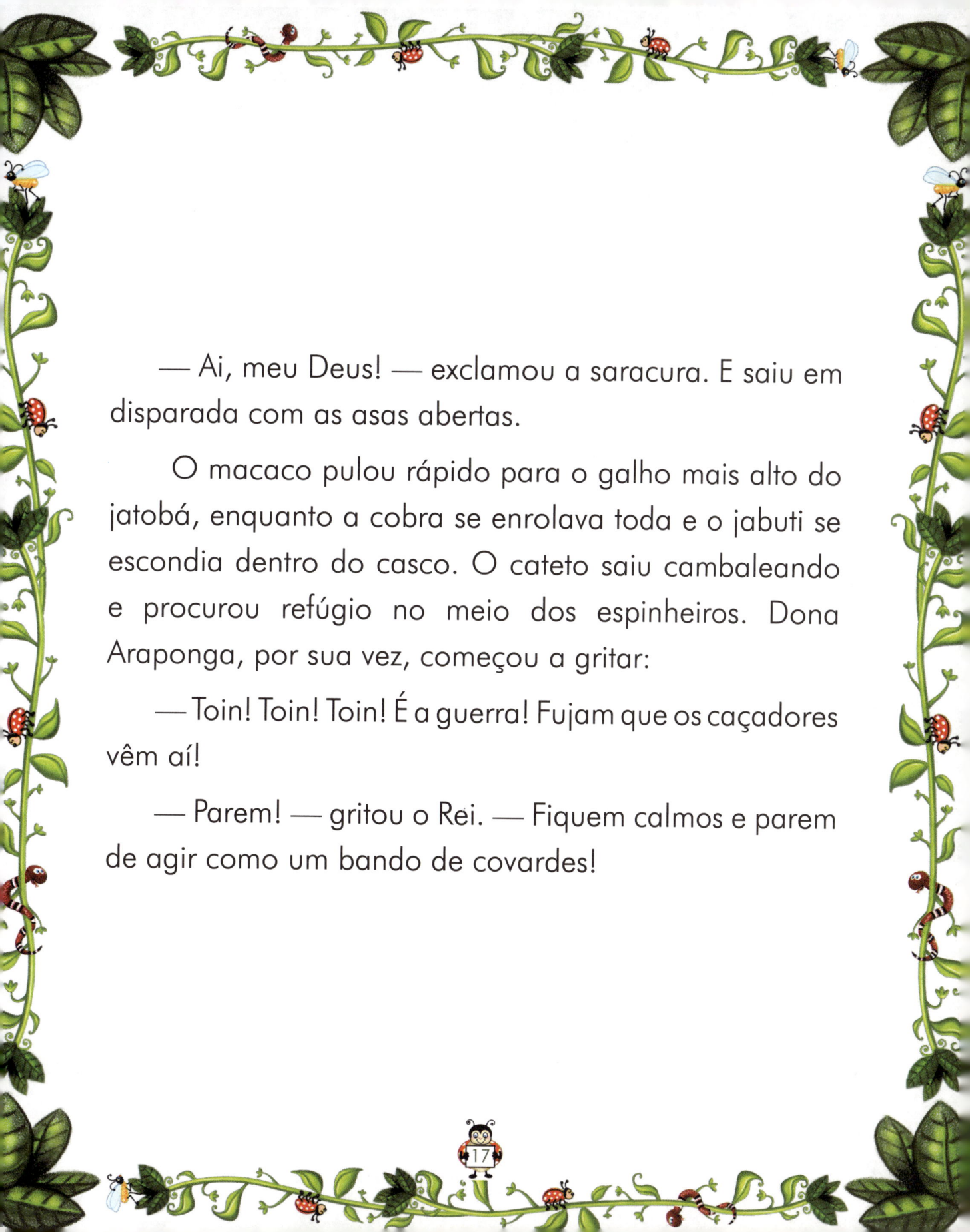

— Ai, meu Deus! — exclamou a saracura. E saiu em disparada com as asas abertas.

O macaco pulou rápido para o galho mais alto do jatobá, enquanto a cobra se enrolava toda e o jabuti se escondia dentro do casco. O cateto saiu cambaleando e procurou refúgio no meio dos espinheiros. Dona Araponga, por sua vez, começou a gritar:

— Toin! Toin! Toin! É a guerra! Fujam que os caçadores vêm aí!

— Parem! — gritou o Rei. — Fiquem calmos e parem de agir como um bando de covardes!

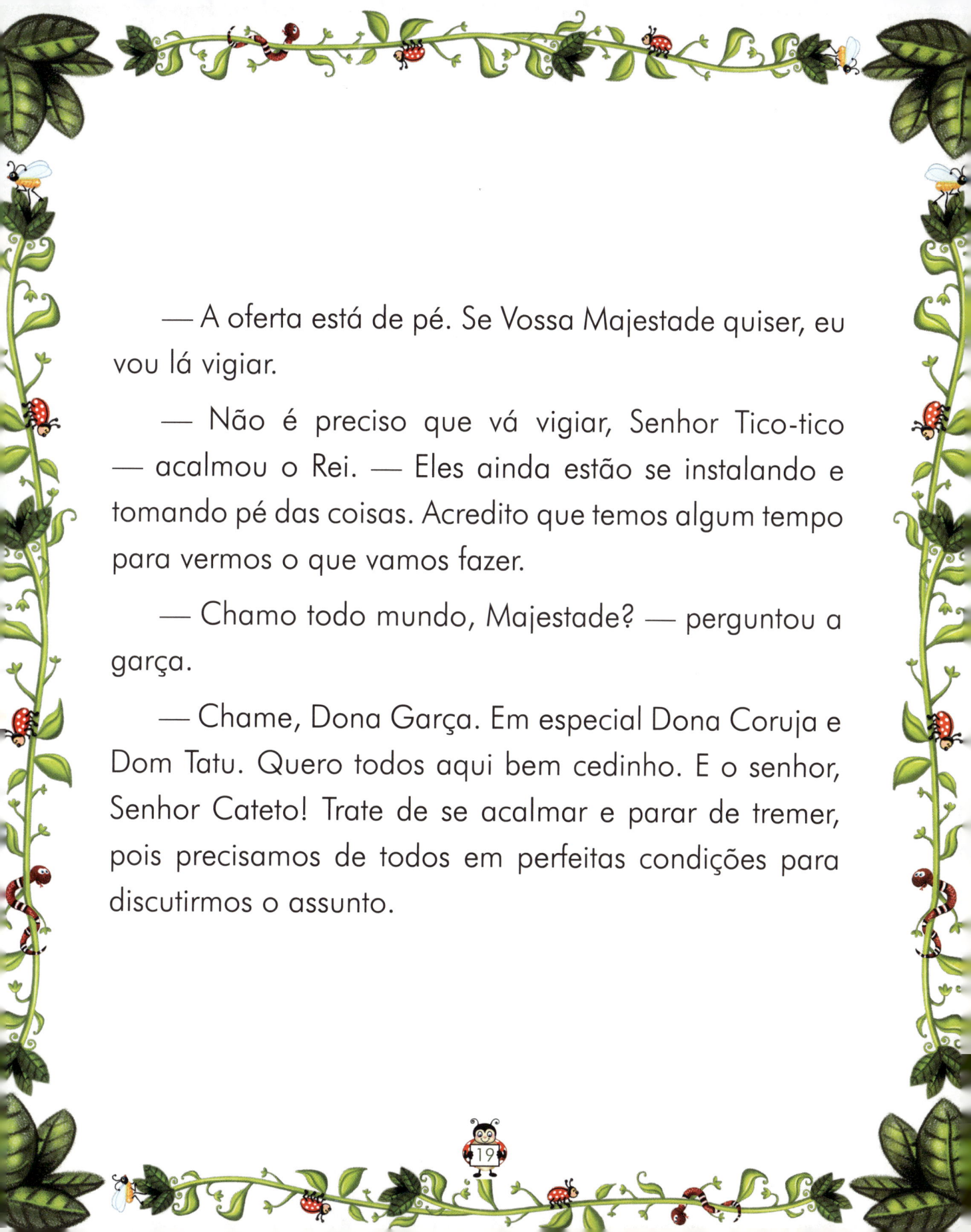

— A oferta está de pé. Se Vossa Majestade quiser, eu vou lá vigiar.

— Não é preciso que vá vigiar, Senhor Tico-tico — acalmou o Rei. — Eles ainda estão se instalando e tomando pé das coisas. Acredito que temos algum tempo para vermos o que vamos fazer.

— Chamo todo mundo, Majestade? — perguntou a garça.

— Chame, Dona Garça. Em especial Dona Coruja e Dom Tatu. Quero todos aqui bem cedinho. E o senhor, Senhor Cateto! Trate de se acalmar e parar de tremer, pois precisamos de todos em perfeitas condições para discutirmos o assunto.

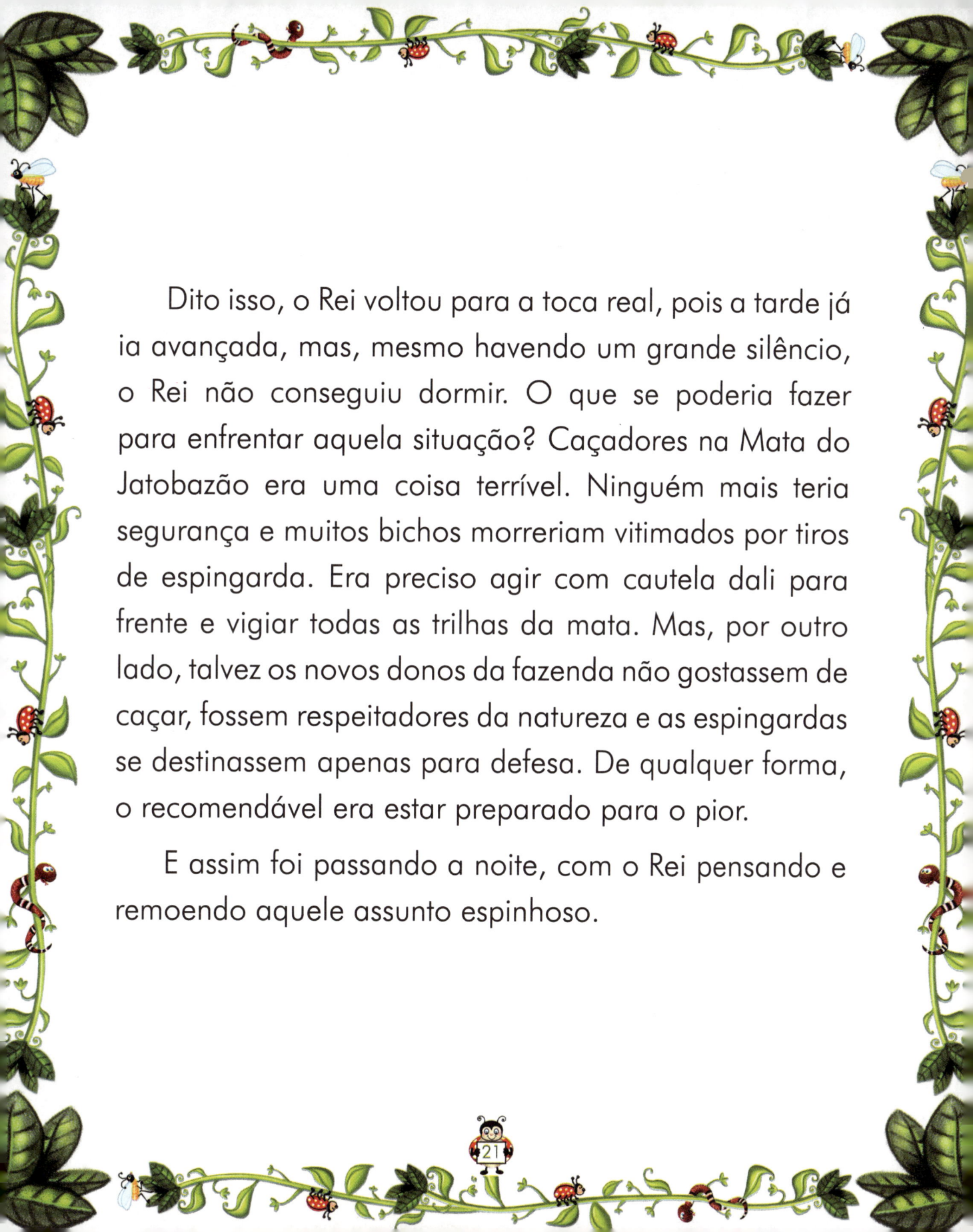

Dito isso, o Rei voltou para a toca real, pois a tarde já ia avançada, mas, mesmo havendo um grande silêncio, o Rei não conseguiu dormir. O que se poderia fazer para enfrentar aquela situação? Caçadores na Mata do Jatobazão era uma coisa terrível. Ninguém mais teria segurança e muitos bichos morreriam vitimados por tiros de espingarda. Era preciso agir com cautela dali para frente e vigiar todas as trilhas da mata. Mas, por outro lado, talvez os novos donos da fazenda não gostassem de caçar, fossem respeitadores da natureza e as espingardas se destinassem apenas para defesa. De qualquer forma, o recomendável era estar preparado para o pior.

E assim foi passando a noite, com o Rei pensando e remoendo aquele assunto espinhoso.

No dia seguinte, logo cedinho, a clareira do trono já estava lotada, não apenas pelos Ministros e Conselheiros, como também pelo resto da bicharada que estava a par das novidades e sentia um grande receio do futuro.

Após falar do assunto a tratar, o Rei interpelou Dona Coruja:

— O que a senhora acha, Dona Coruja?

A coruja pigarreou antes de falar:

— Antes de tudo, Majestade, precisamos investigar. As informações do Senhor Tico-tico precisam ser confirmadas. Só depois é que poderemos estabelecer um plano de defesa.

— Mas investigar como? — cortou o jabuti. — Quem é que se dispõe a ir lá para ver o que se passa? É muito perigoso!

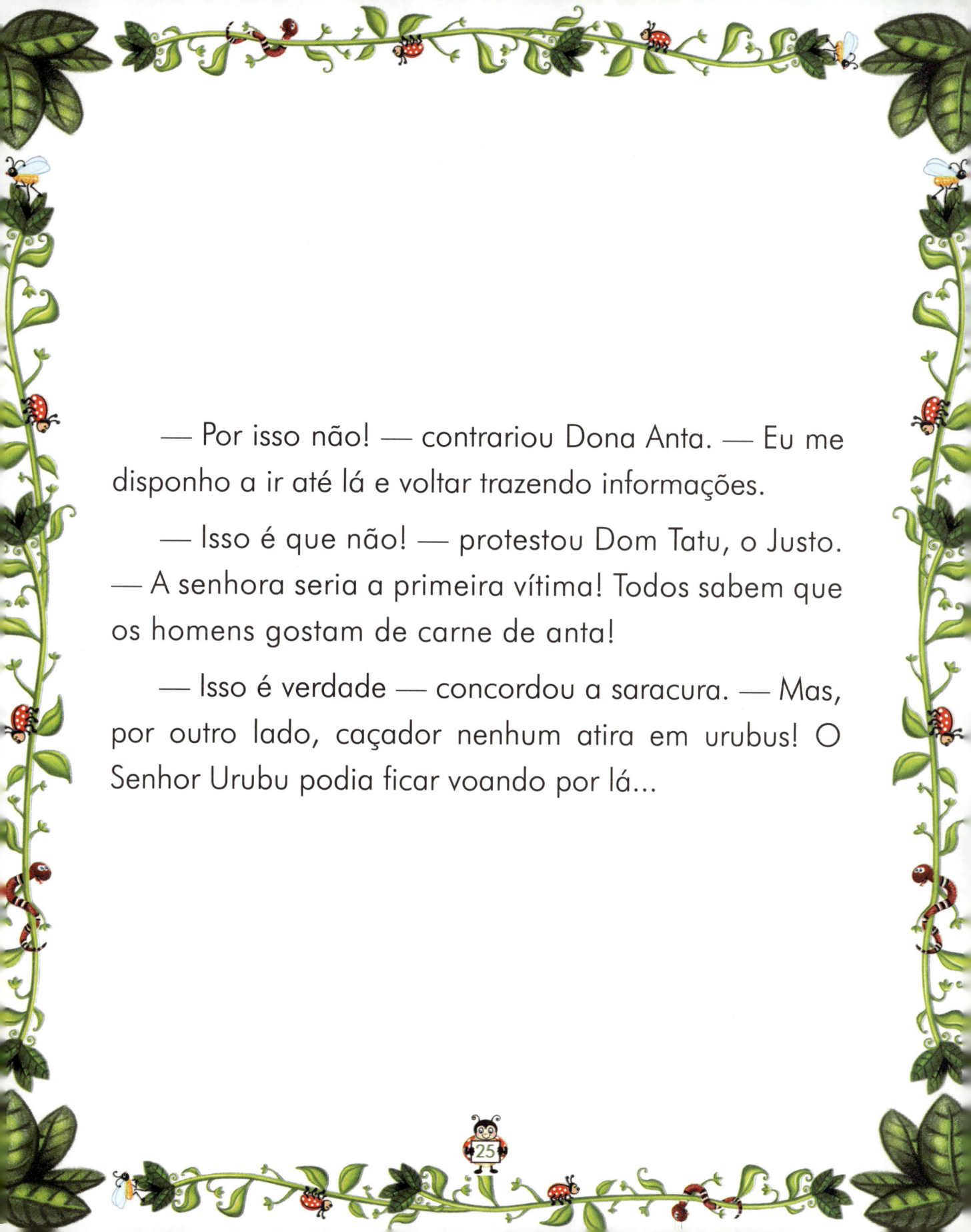

— Por isso não! — contrariou Dona Anta. — Eu me disponho a ir até lá e voltar trazendo informações.

— Isso é que não! — protestou Dom Tatu, o Justo. — A senhora seria a primeira vítima! Todos sabem que os homens gostam de carne de anta!

— Isso é verdade — concordou a saracura. — Mas, por outro lado, caçador nenhum atira em urubus! O Senhor Urubu podia ficar voando por lá...

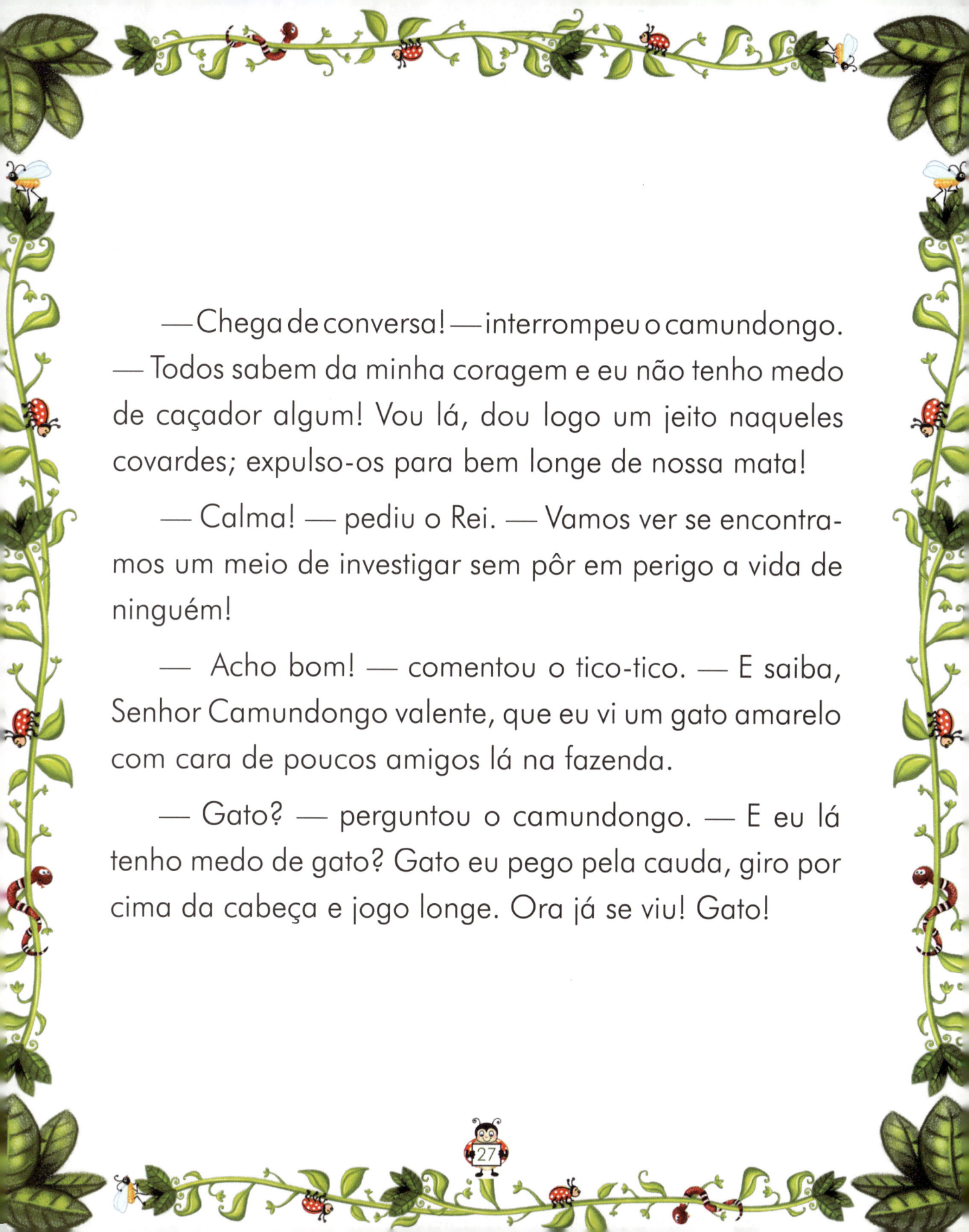

—Chega de conversa! —interrompeu o camundongo. —Todos sabem da minha coragem e eu não tenho medo de caçador algum! Vou lá, dou logo um jeito naqueles covardes; expulso-os para bem longe de nossa mata!

— Calma! — pediu o Rei. — Vamos ver se encontramos um meio de investigar sem pôr em perigo a vida de ninguém!

— Acho bom! — comentou o tico-tico. — E saiba, Senhor Camundongo valente, que eu vi um gato amarelo com cara de poucos amigos lá na fazenda.

— Gato? — perguntou o camundongo. — E eu lá tenho medo de gato? Gato eu pego pela cauda, giro por cima da cabeça e jogo longe. Ora já se viu! Gato!

A coruja pigarreou novamente, sinal de que pretendia falar:

— Eu tenho uma ideia! Todos sabem que eu ando muito durante a noite, de modo que conheço bem a fazenda e sei que havia um buraco no beiral de madeira do telhado. Esse buraco foi tapado com umas ripas para evitar a entrada de pardais, mas, com alguma ajuda, podemos abri-lo novamente. Ele fica num ponto que é difícil de ser visto. Eu poderia entrar e ouvir as conversas do pessoal da fazenda. Não seria muito perigoso, mas eu não tenho como abrir o buraco novamente para poder entrar e sair à vontade e, nesse ponto, o Senhor Camundongo poderia ajudar. É claro que ele teria que pedir auxílio aos parentes, mas seria possível.

— Conte comigo! — concordou o camundongo. — É só me mostrar onde é o buraco que foi tapado. Eu e meus parentes vamos roer a noite toda e garanto que uma noite só chega. Dona Coruja vai poder entrar e sair quando quiser.

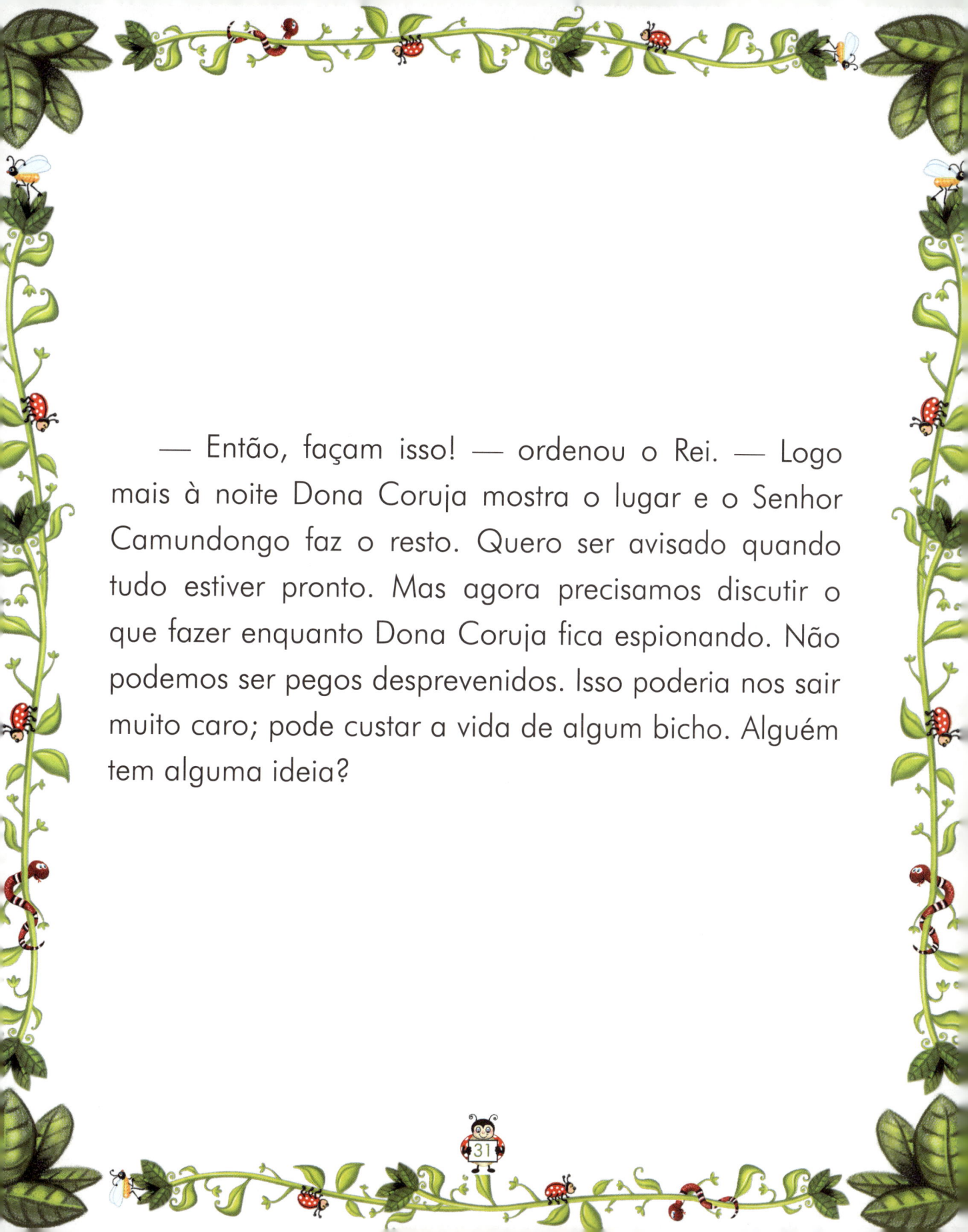

— Então, façam isso! — ordenou o Rei. — Logo mais à noite Dona Coruja mostra o lugar e o Senhor Camundongo faz o resto. Quero ser avisado quando tudo estiver pronto. Mas agora precisamos discutir o que fazer enquanto Dona Coruja fica espionando. Não podemos ser pegos desprevenidos. Isso poderia nos sair muito caro; pode custar a vida de algum bicho. Alguém tem alguma ideia?

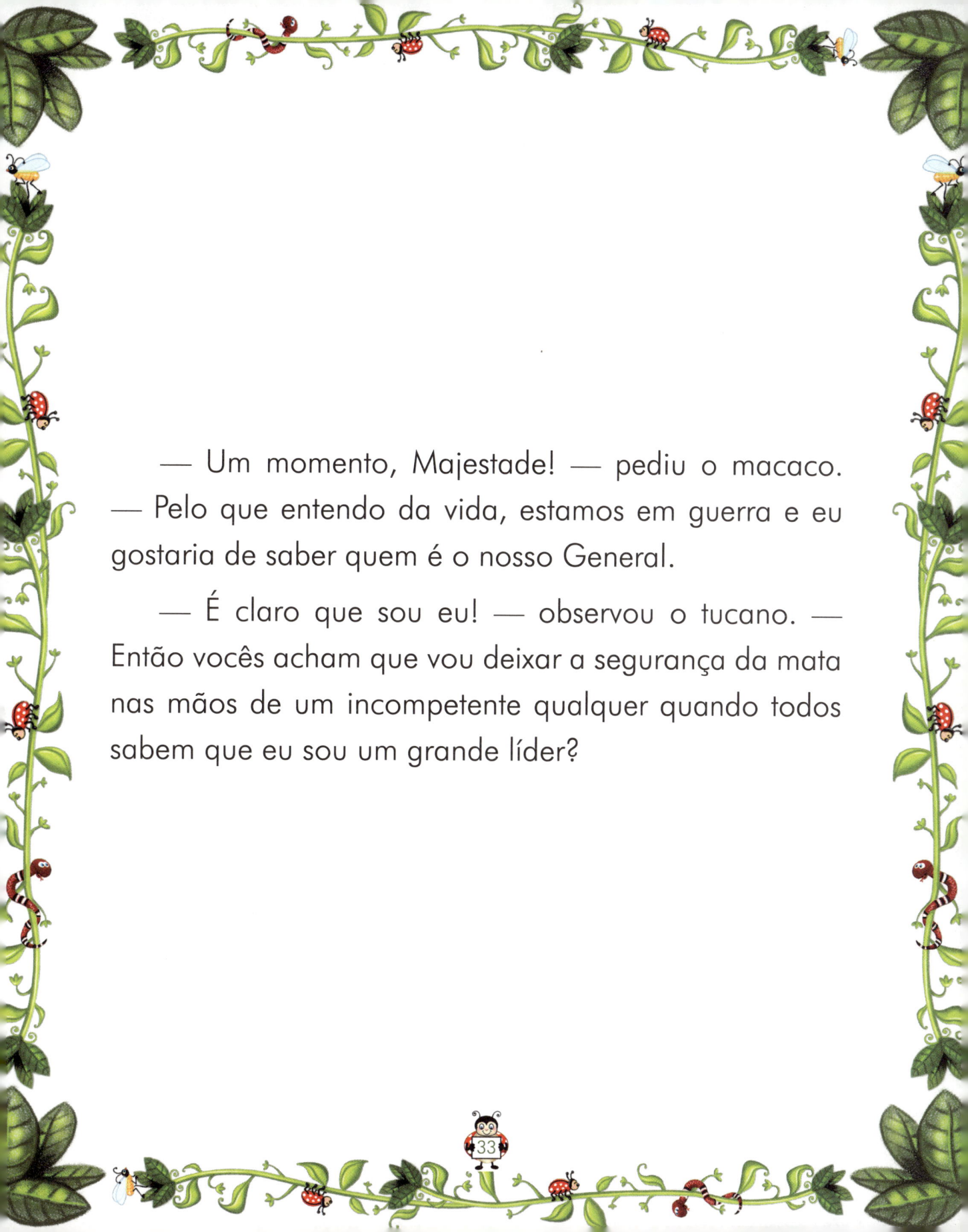

— Um momento, Majestade! — pediu o macaco. — Pelo que entendo da vida, estamos em guerra e eu gostaria de saber quem é o nosso General.

— É claro que sou eu! — observou o tucano. — Então vocês acham que vou deixar a segurança da mata nas mãos de um incompetente qualquer quando todos sabem que eu sou um grande líder?

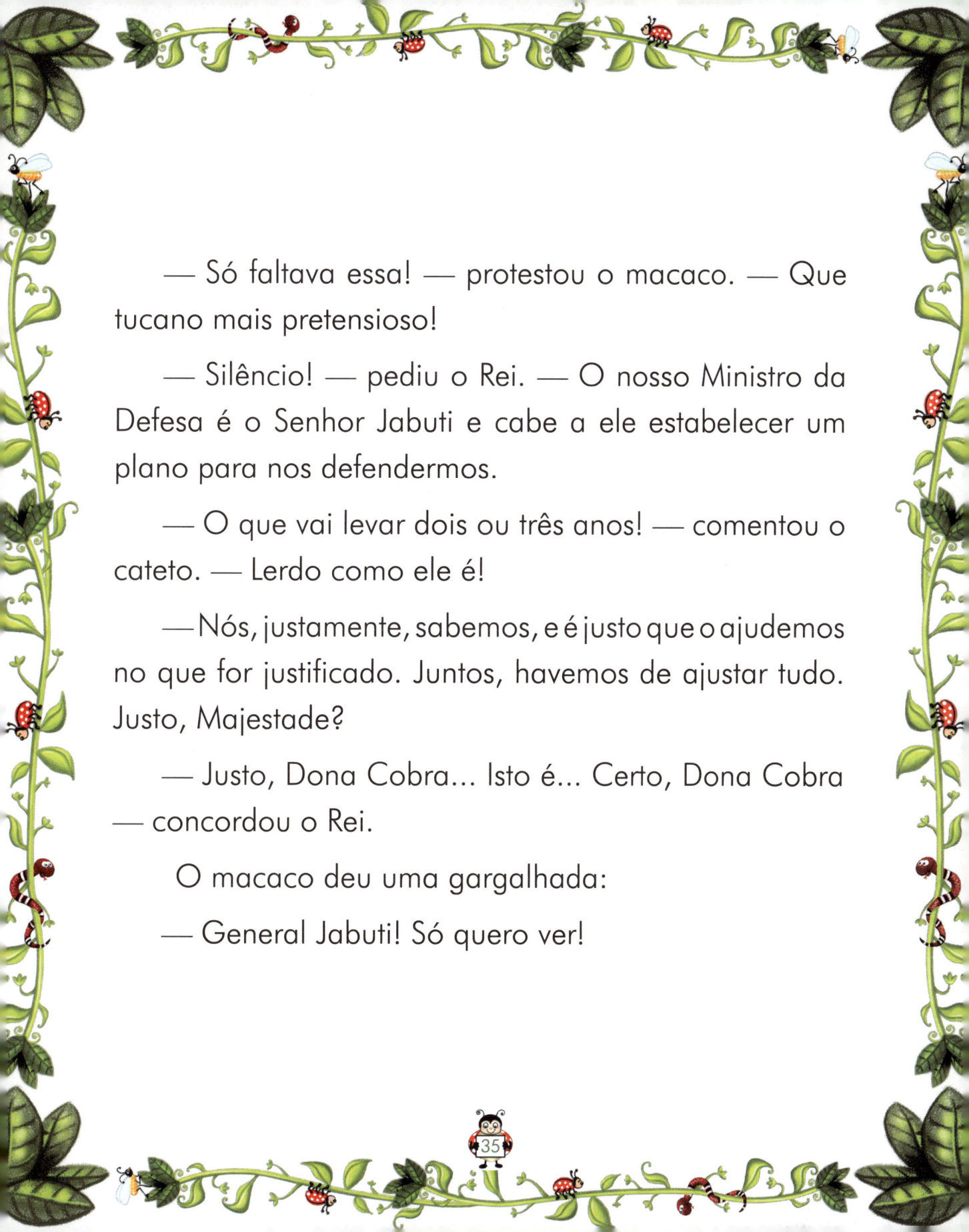

— Só faltava essa! — protestou o macaco. — Que tucano mais pretensioso!

— Silêncio! — pediu o Rei. — O nosso Ministro da Defesa é o Senhor Jabuti e cabe a ele estabelecer um plano para nos defendermos.

— O que vai levar dois ou três anos! — comentou o cateto. — Lerdo como ele é!

— Nós, justamente, sabemos, e é justo que o ajudemos no que for justificado. Juntos, havemos de ajustar tudo. Justo, Majestade?

— Justo, Dona Cobra... Isto é... Certo, Dona Cobra — concordou o Rei.

O macaco deu uma gargalhada:

— General Jabuti! Só quero ver!

— Pois você verá! — disse o jabuti, com muita calma. — E, se Vossa Majestade permitir, começarei a trabalhar imediatamente, pois não temos tempo a perder; o perigo é grande demais para ficarmos aqui discutindo. Vamos trabalhar e estabelecer um plano de defesa para a nossa mata. Eu gostaria de marcar uma reunião para logo mais à tarde e encarregarei Dona Cambaxirra[2] de convocar os bichos que devem participar dessa reunião.

— Certo, Senhor Jabuti — concordou o Rei. — Eu o nomeio General das nossas forças defensivas e o senhor faz o que achar melhor. Terá todo o apoio necessário. Poderá convocar qualquer bicho para trabalhar consigo. E agora quero que todos fiquem de prontidão para o que der e vier... Sim, Dona Onça! A senhora quer dizer alguma coisa?

---

2   É o mesmo que corruíra ou garriça. Ave pequenina, menor que o pardal e toda marrom.

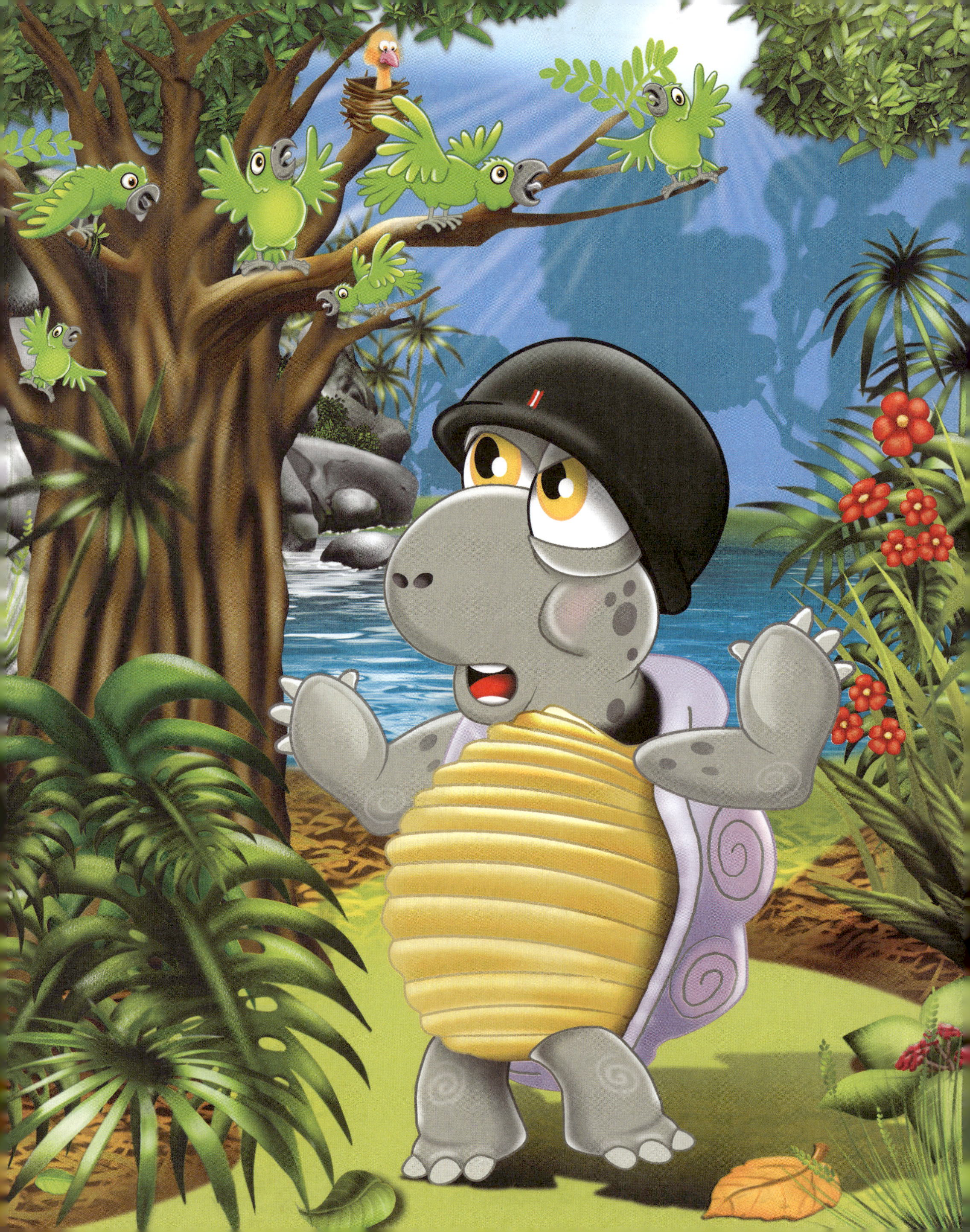

— Quero, Majestade. Se me permite, devo aconselhar muita calma neste momento. Assim, nervosos como estamos, podemos tomar uma decisão errada. Vamos ter um pouco mais de esperança! Quem sabe tudo não passa de um mal-entendido. Vamos aguardar as investigações e procurar inspiração para não assumirmos atitudes que nos levem ao arrependimento.

— Muito bem falado, Dona Onça — concordou o Rei Gato-do-Mato. — Não convém perdermos o nosso equilíbrio. Como recomendou a senhora, vamos ter esperança, mas também não podemos ficar apenas esperando que a ajuda caia do céu. Temos que fazer alguma coisa. Vamos aguardar que o General Jabuti estabeleça um plano de defesa que nos dê um pouco de segurança.

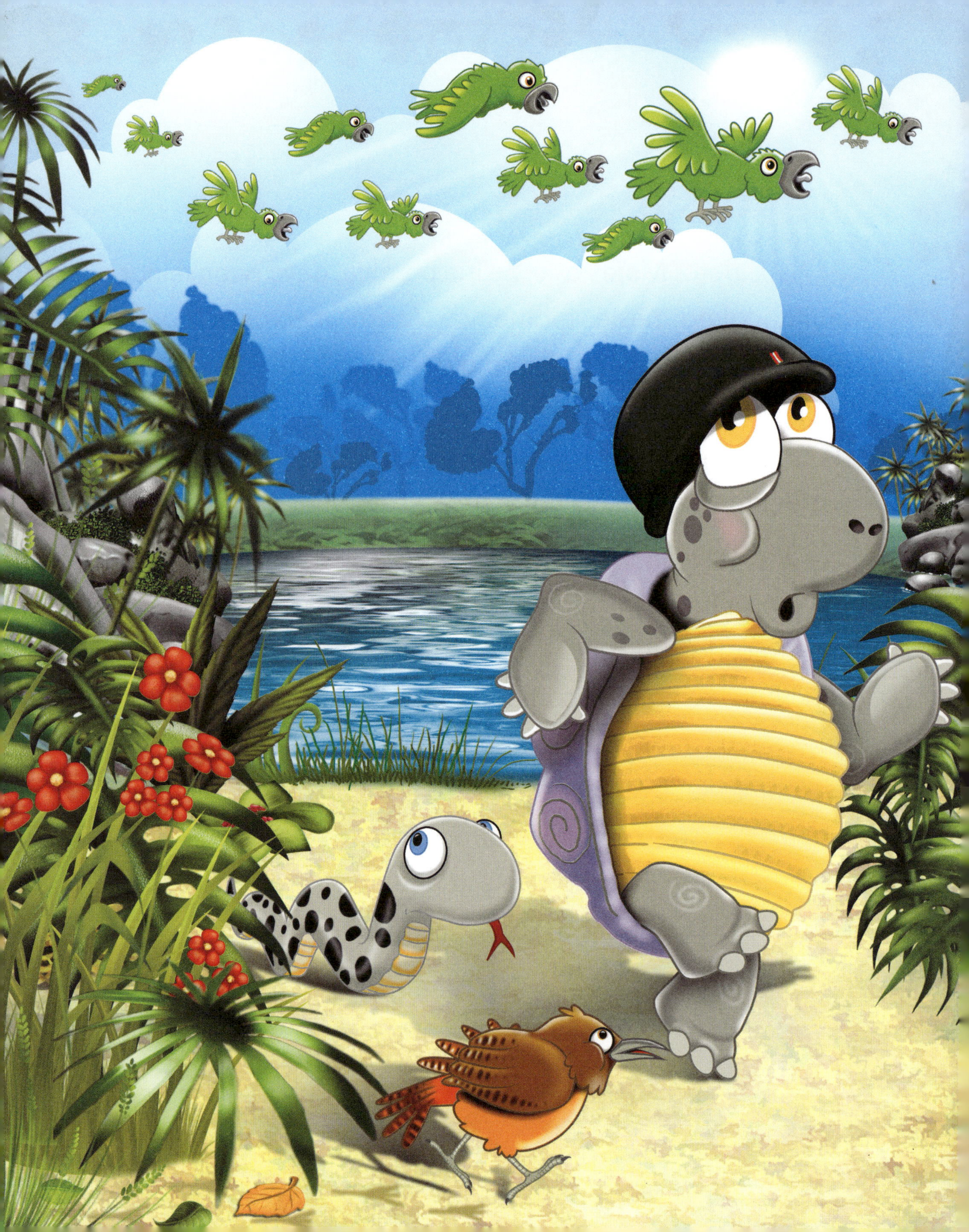

Dito isso, o Rei se retirou para sua toca e os demais saíram da clareira do trono em pequenos grupos para trocarem idéias.

Perto da lagoa da sucuri, o General Jabuti estava muito irritado porque as árvores estavam lotadas de jandaias, maritacas e periquitos. O barulho era ensurdecedor, uma vez que essas aves nunca paravam de gritar, e ninguém conseguia ouvir nada mais. O jabuti berrava:

— Quem foi que chamou esse bando de tagarelas? Temos assuntos sérios a tratar e eu não consigo ouvir nem a minha própria voz!

— Fui eu, General! — exclamou a cambaxirra. — Achei que era uma boa ideia!

— Boa ideia? Boa ideia é a senhora obedecer somente às minhas ordens! Agora eu quero ver se é capaz de se livrar desses desordeiros!

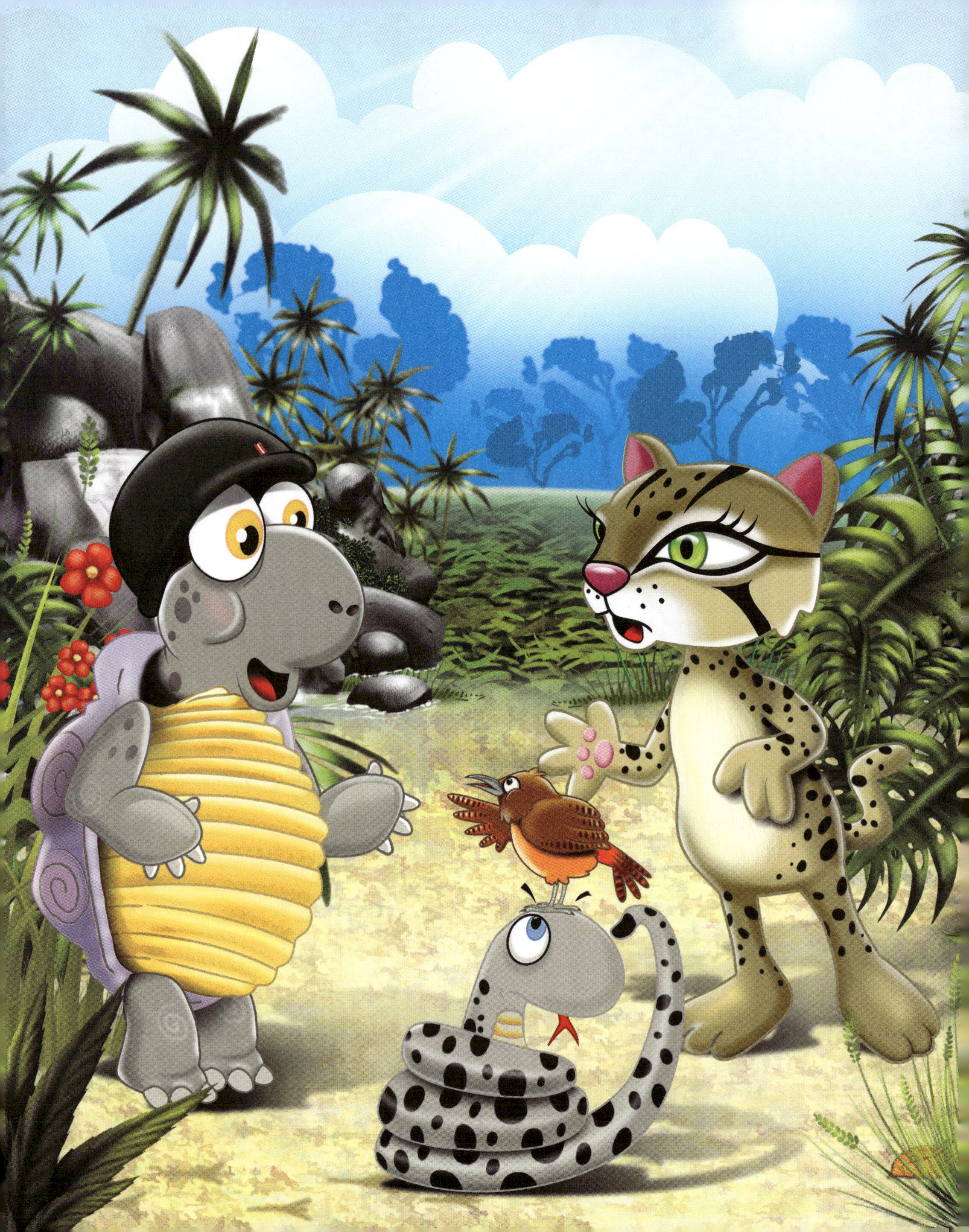

— Desculpe, General, mas eu tenho uma sugestão! Vamos para a clareira do pé de jequitibá! Lá não há lugar para tantas maritacas, jandaias ou periquitos e nós poderemos conversar à vontade.

— Está bem! — concordou o jabuti. — Vamos embora!

E lá se foram todos. As aves faladoras levantaram voo e seguiram atrás, mas, como havia pouco espaço no pé de jequitibá, elas desistiram e se afastaram na maior algazarra. Ficou apenas o silêncio da mata, e o jabuti tomou a palavra:

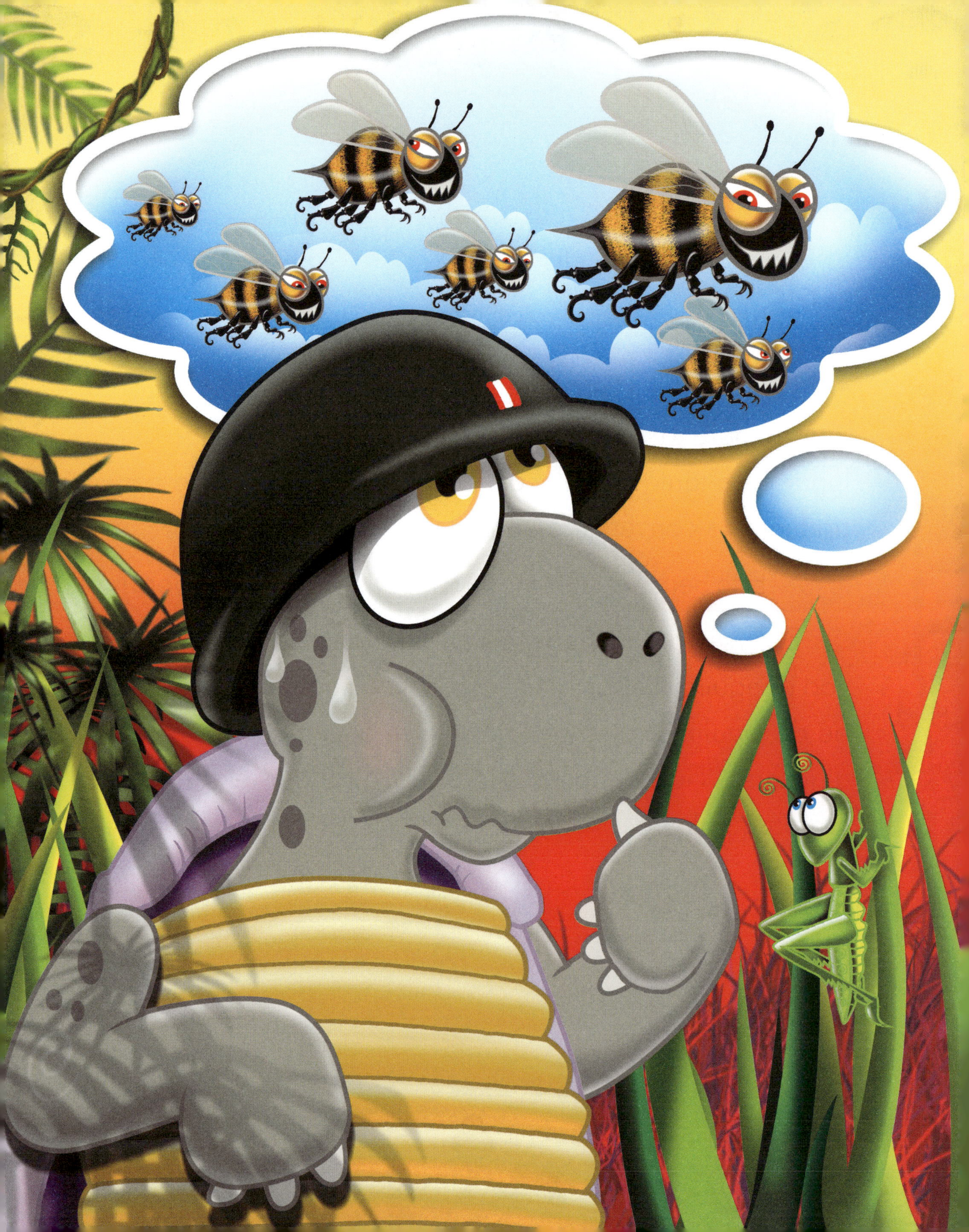

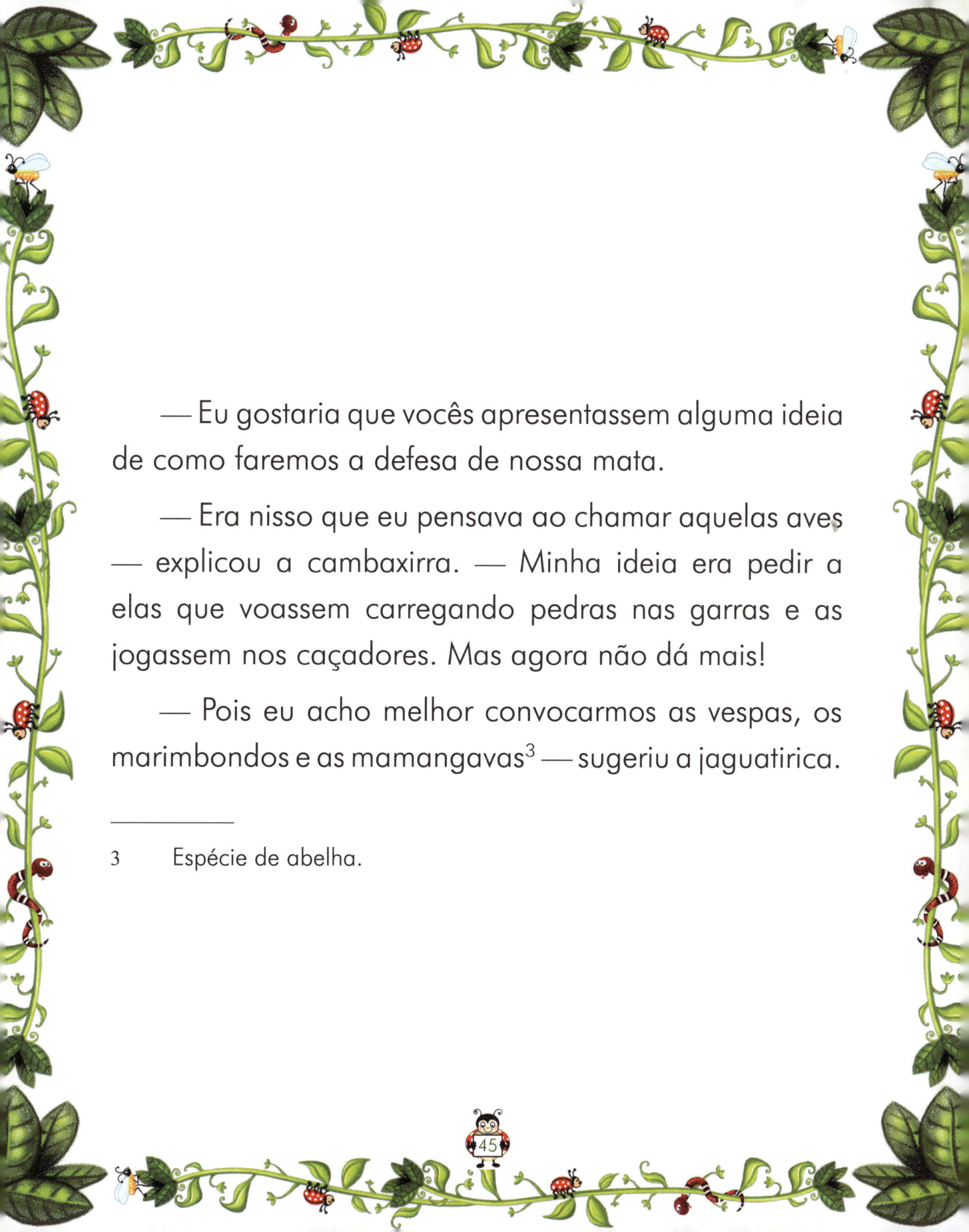

— Eu gostaria que vocês apresentassem alguma ideia de como faremos a defesa de nossa mata.

— Era nisso que eu pensava ao chamar aquelas aves — explicou a cambaxirra. — Minha ideia era pedir a elas que voassem carregando pedras nas garras e as jogassem nos caçadores. Mas agora não dá mais!

— Pois eu acho melhor convocarmos as vespas, os marimbondos e as mamangavas[3] — sugeriu a jaguatirica.

---

3   Espécie de abelha.

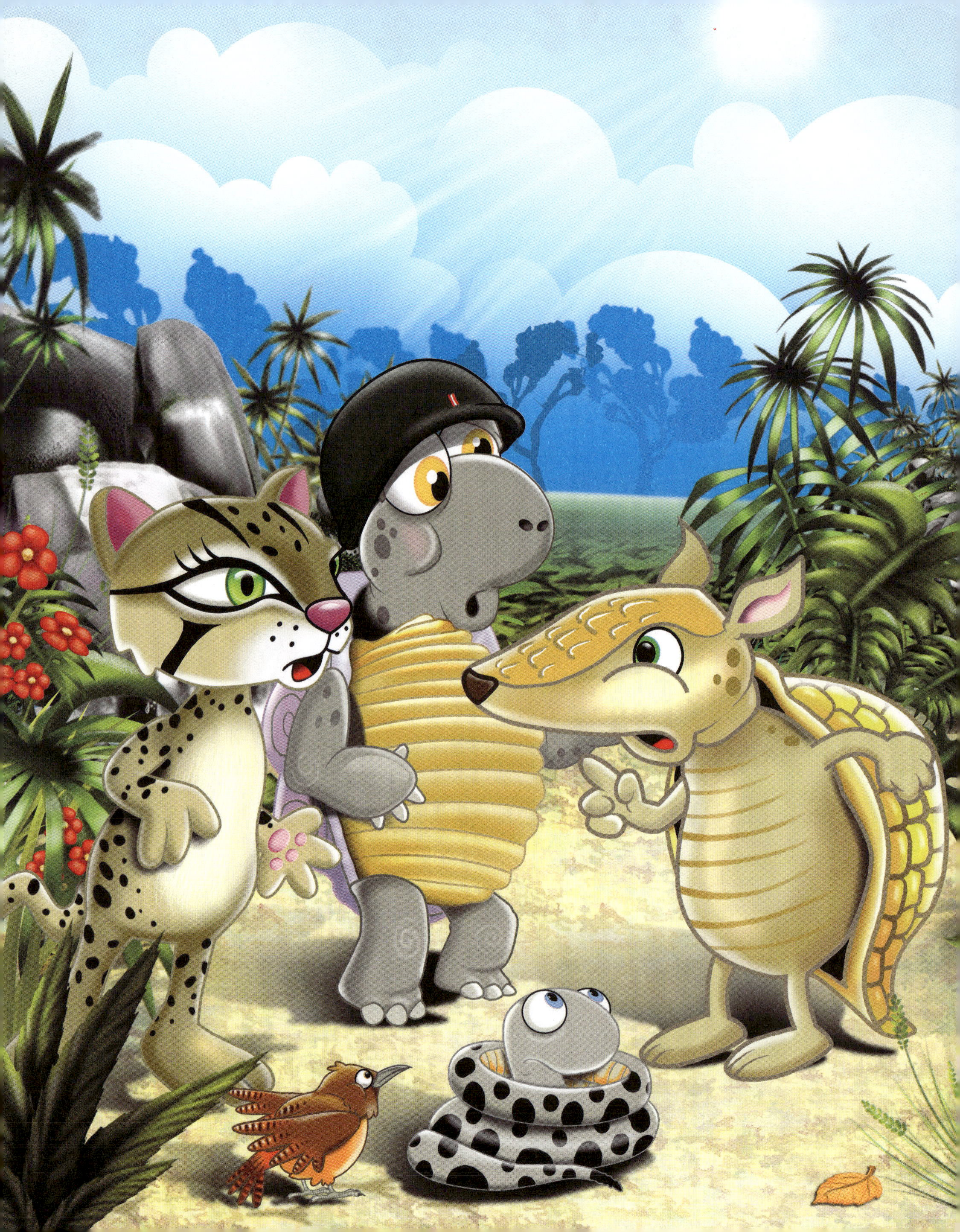

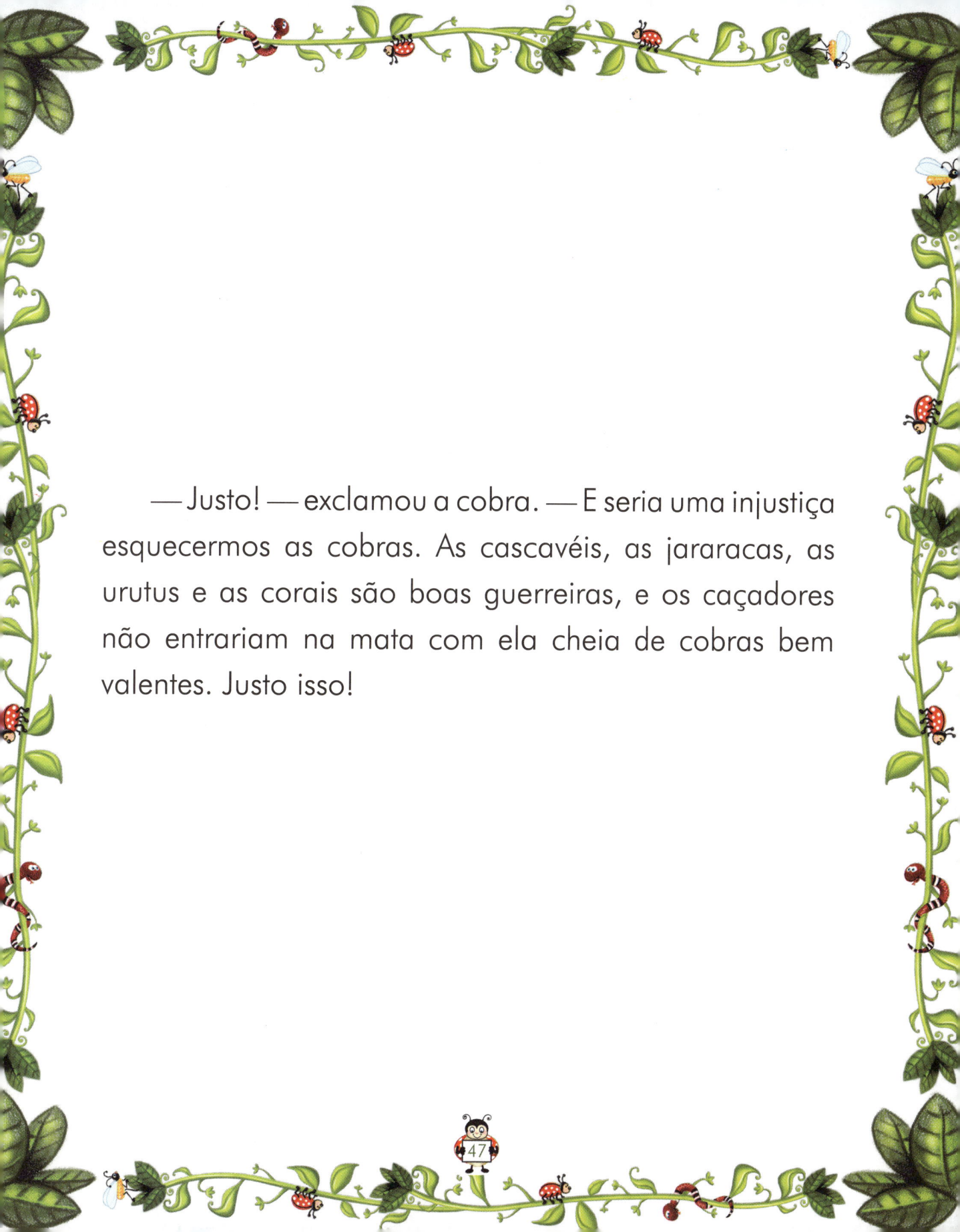

—Justo! — exclamou a cobra. — E seria uma injustiça esquecermos as cobras. As cascavéis, as jararacas, as urutus e as corais são boas guerreiras, e os caçadores não entrariam na mata com ela cheia de cobras bem valentes. Justo isso!

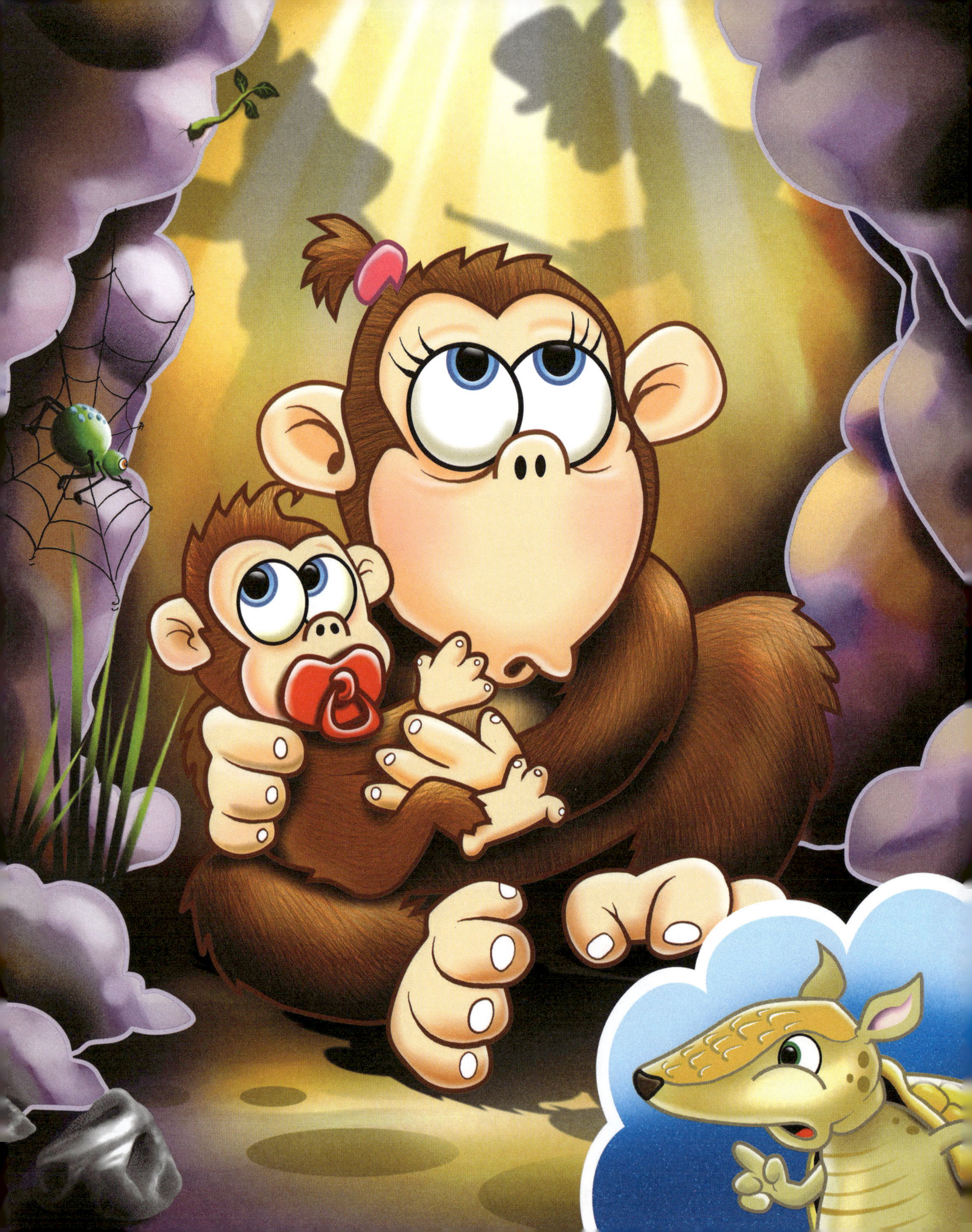

— Acho interessante a ideia das vespas e dos marimbondos — concordou o jabuti. — Só que esses bichos são muito nervosos e acabariam picando também a nós todos. Não! Prefiro as cobras, mas acho que os bugios[4] também poderiam ajudar jogando pedras, frutas podres e outras porcarias.

— E o que me diz das onças? — perguntou a suçuarana.[5] — Nós podemos ser de grande ajuda se atacarmos em bando. Os homens têm muito medo de onça.

— Claro! — concordou o jabuti. — As onças não podem faltar; são nossas forças mais importantes! Que me diz, Dom Tatu?

---

4 Macacos.
5 Animal parecido com a onça.

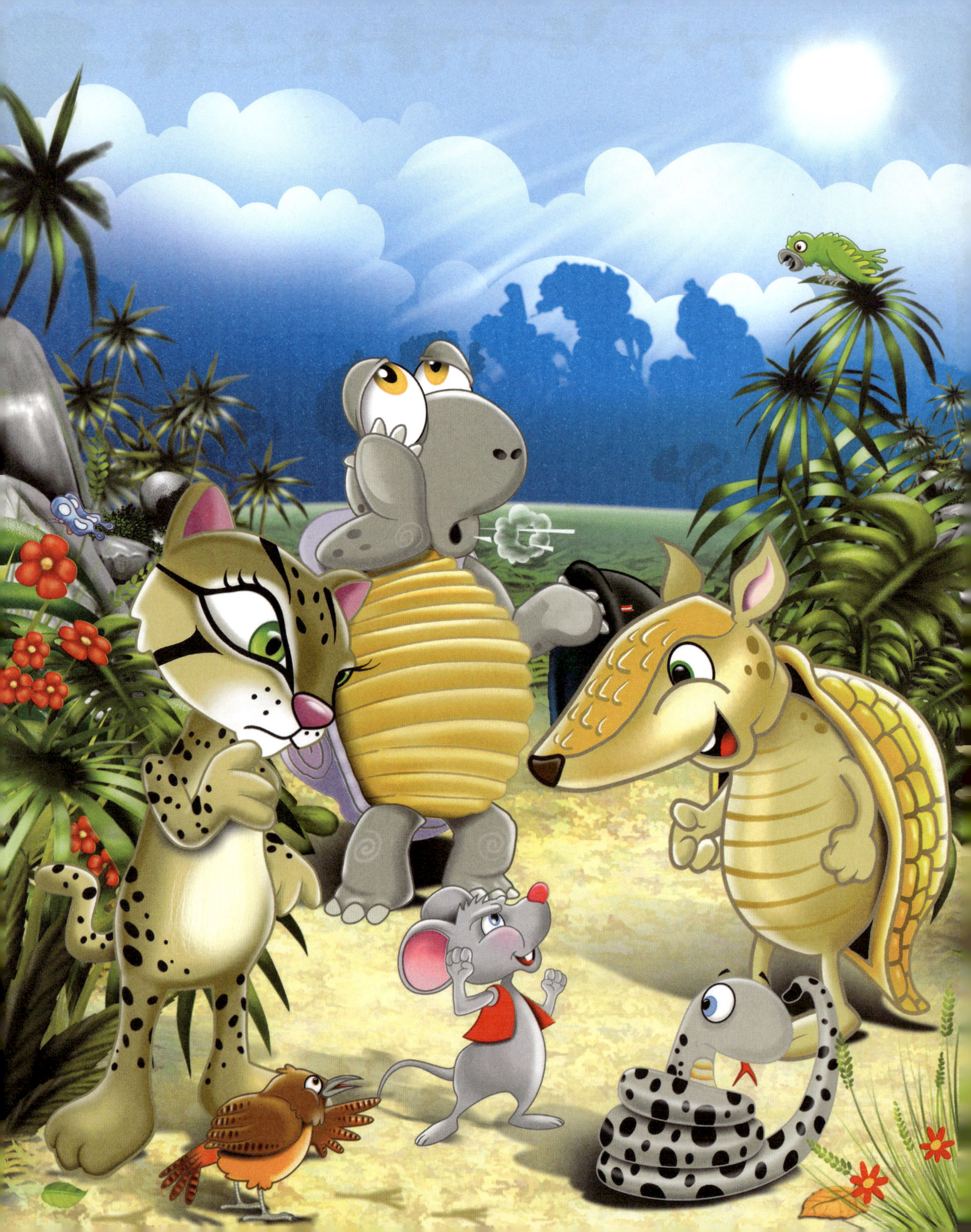

— Acho que podemos contar com todos, mas é preciso organizar nossas forças defensivas para que nenhum trecho da mata fique a descoberto e é isso que devemos fazer agora. Claro que devemos estar organizados e, se necessário, atacar com tudo que temos, mas o mais importante é prepararmos refúgios para todos. Pode acontecer o pior! Se houver uma invasão, com muitos caçadores juntos, nossas forças não darão conta e teremos que nos esconder. Eu vou convocar todos os tatus para que cavem tocas bem fundas e pedir aos macacos que mantenham os filhotes bem escondidos. Os bichos pequenos podem conseguir bons esconderijos, mas os grandes estão com um sério problema. É muito difícil esconder uma onça ou uma anta, ou mesmo um veado galheiro, e eu aconselho a eles que procurem moitas de espinheiros e bosques bem fechados para desaparecerem de vista.

— Está certo! — apoiou o jabuti. — São medidas necessárias e nós vamos providenciar. Acredito que acharemos esconderijos para todos. Isso deve dificultar os caçadores e eles logo vão desistir e nos deixar em paz.

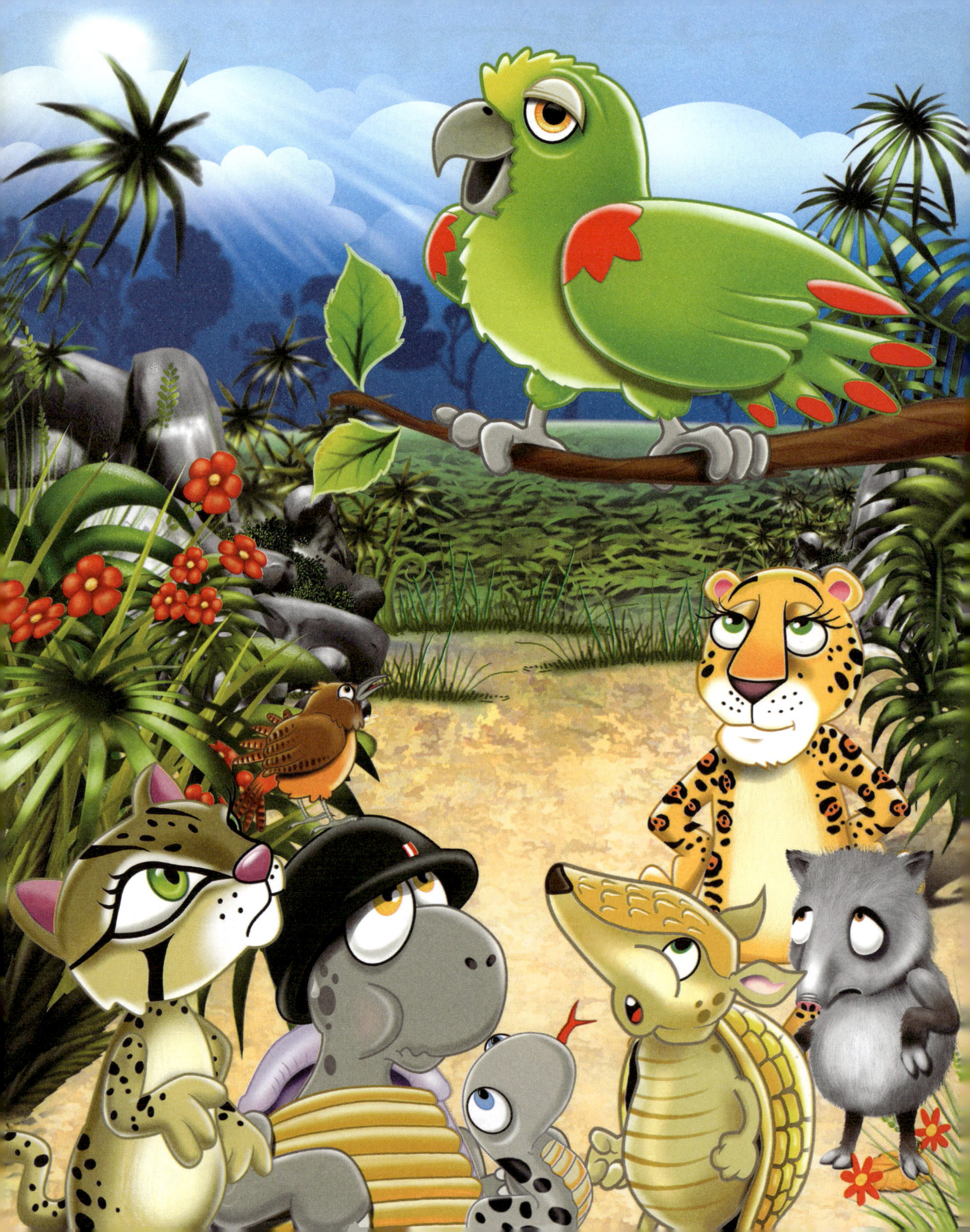

— Vocês estão é tremendo de medo! — censurou o camundongo. — Por que não deixam tudo por conta de nós, os camundongos? Garanto que podemos pôr esse pessoal pra correr! Não há caçador que resista a um ataque de camundongos. Eles vão correr até a capital do Estado, gritando e chamando pela mãe!

Dom Tatu deu um sorriso e o jabuti, um longo suspiro:

— Está certo, meu amigo! Todos sabemos da sua valentia, mas o senhor já vai estar muito ocupado roendo o buraco para Dona Coruja entrar no forro da casa.

— Ora, General! Isso é trabalho para apenas uma noite! Eu quero é participar da luta! Eu sou um guerreiro feroz! Quero pegar os caçadores e mostrar a eles o caminho de saída da nossa mata! O senhor vai me deixar de fora?

— Talvez nada disso seja necessário — lembrou Dona Onça. — Não se esqueçam de que tudo pode ser um mal-entendido. Acho que devemos aguardar que Dona Coruja nos traga mais informações. Eu tenho a impressão de que não haverá necessidade de guerra. Penso mesmo que continuaremos a ter paz.

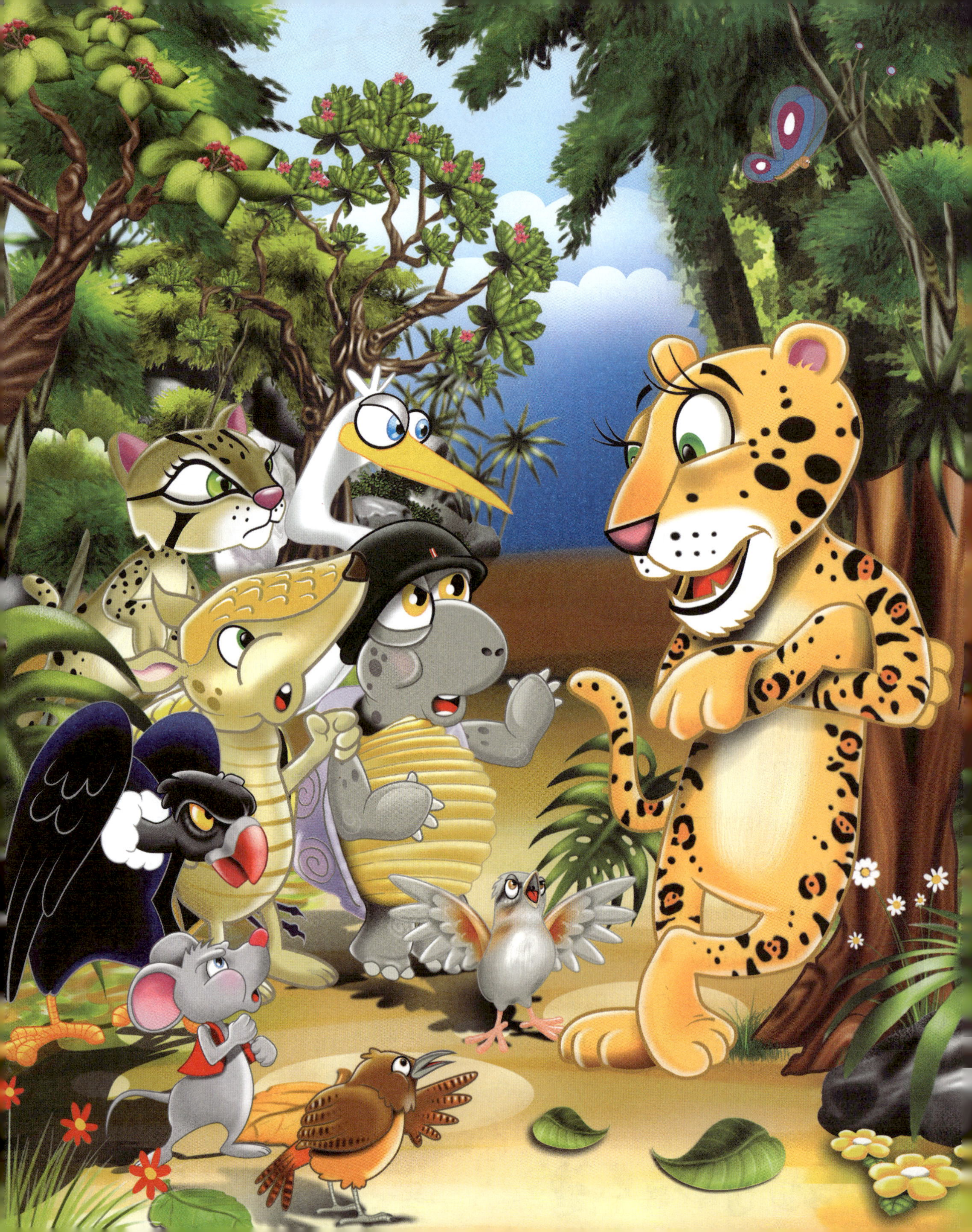

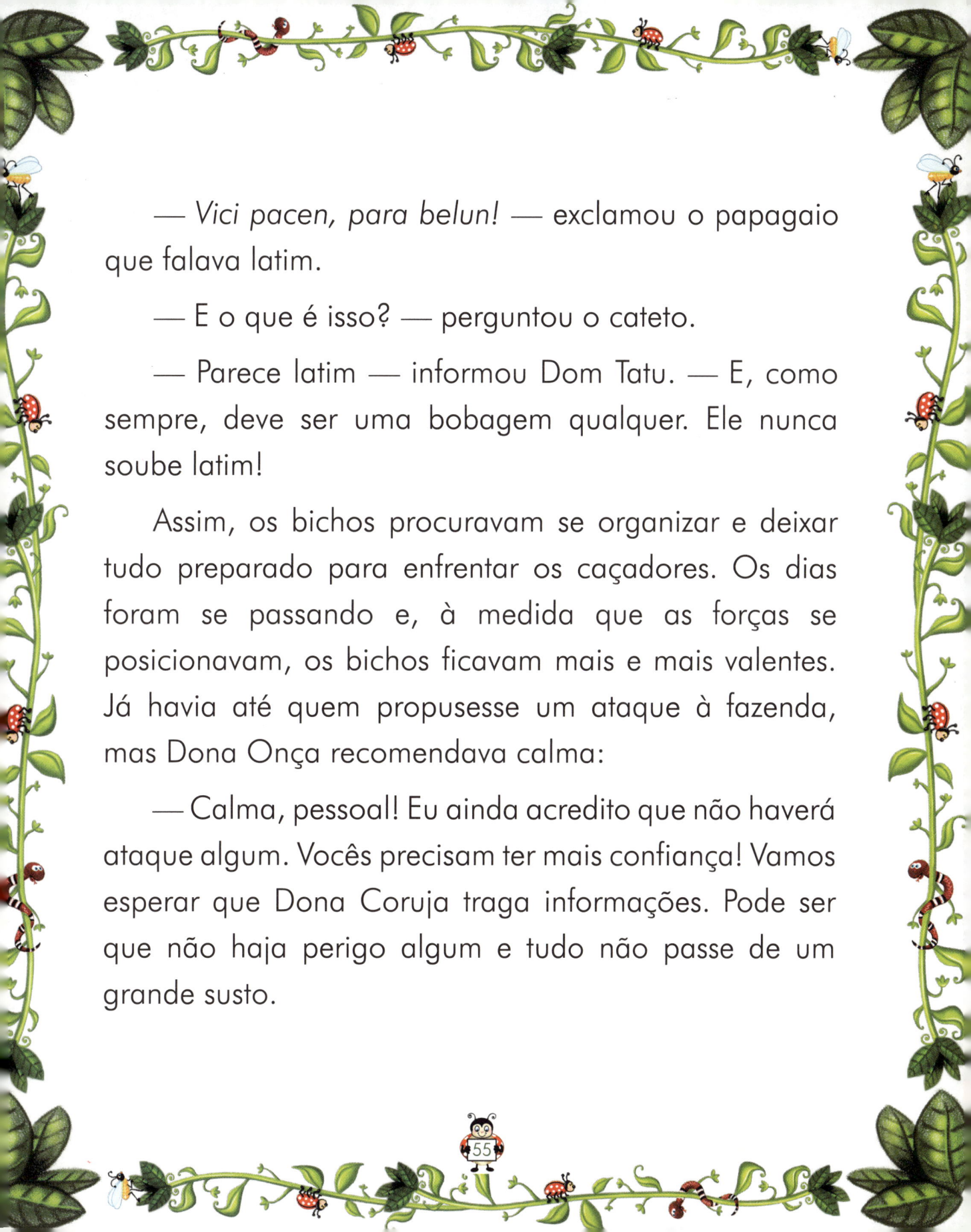

— *Vici pacen, para belun!* — exclamou o papagaio que falava latim.

— E o que é isso? — perguntou o cateto.

— Parece latim — informou Dom Tatu. — E, como sempre, deve ser uma bobagem qualquer. Ele nunca soube latim!

Assim, os bichos procuravam se organizar e deixar tudo preparado para enfrentar os caçadores. Os dias foram se passando e, à medida que as forças se posicionavam, os bichos ficavam mais e mais valentes. Já havia até quem propusesse um ataque à fazenda, mas Dona Onça recomendava calma:

— Calma, pessoal! Eu ainda acredito que não haverá ataque algum. Vocês precisam ter mais confiança! Vamos esperar que Dona Coruja traga informações. Pode ser que não haja perigo algum e tudo não passe de um grande susto.

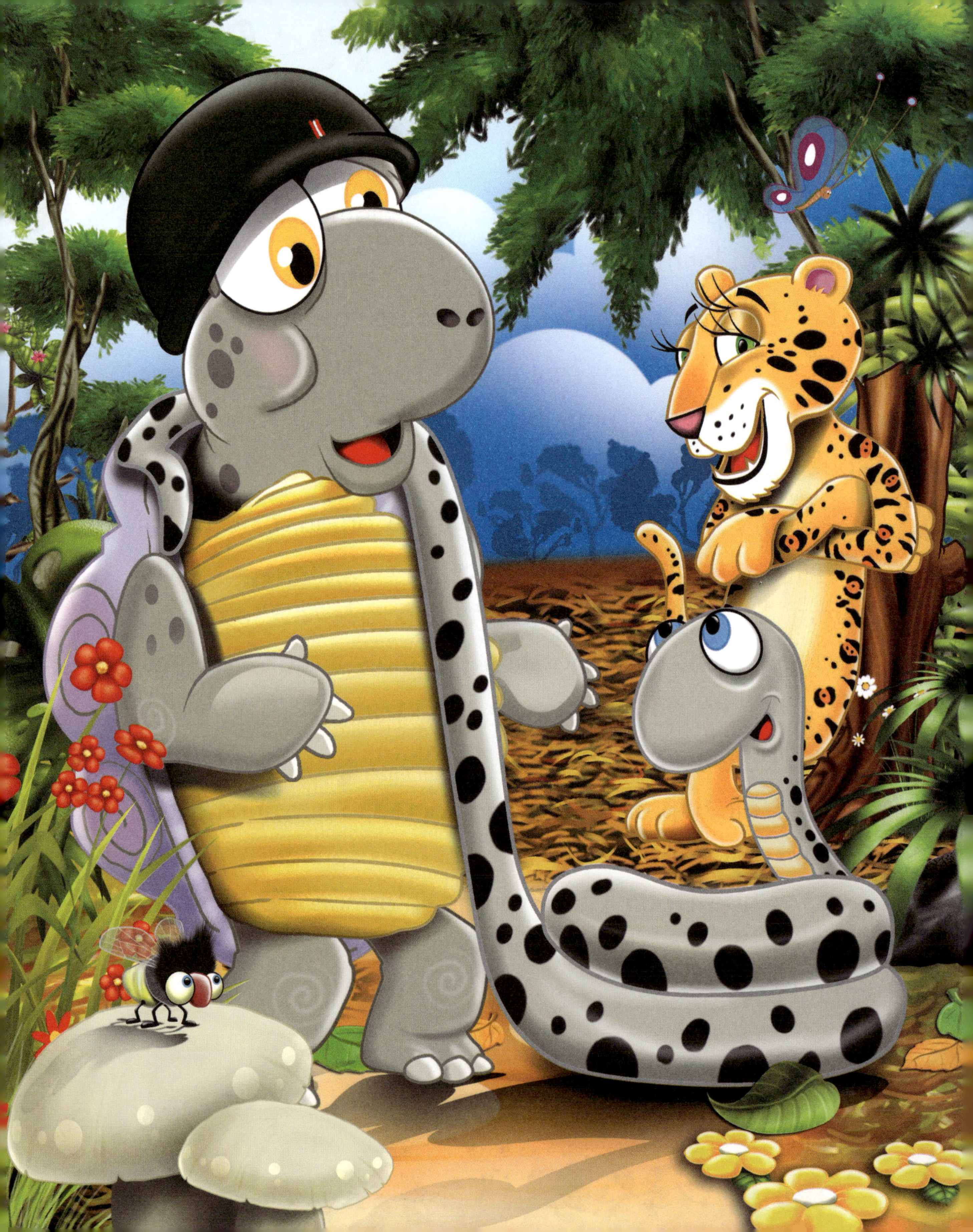

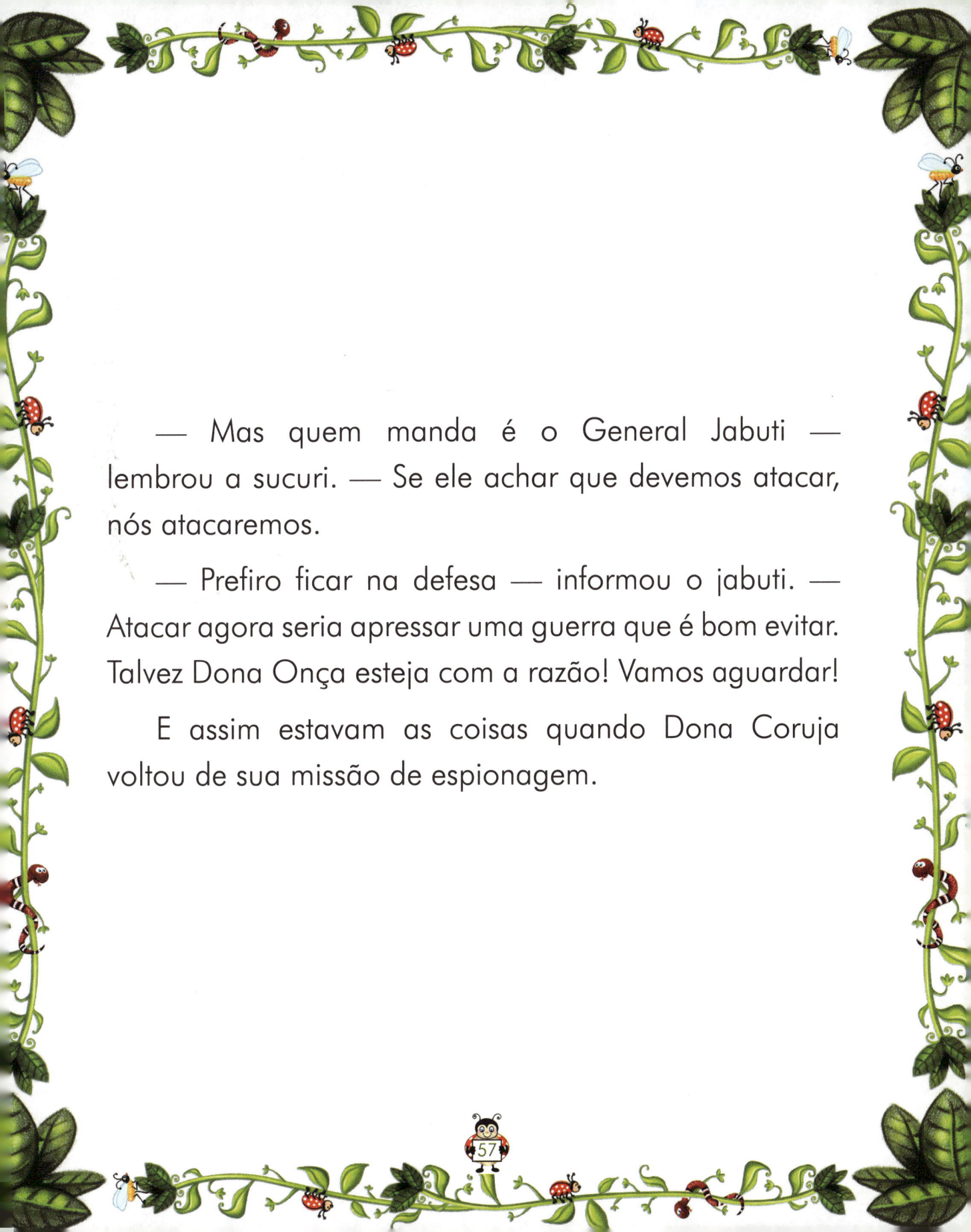

— Mas quem manda é o General Jabuti — lembrou a sucuri. — Se ele achar que devemos atacar, nós atacaremos.

— Prefiro ficar na defesa — informou o jabuti. — Atacar agora seria apressar uma guerra que é bom evitar. Talvez Dona Onça esteja com a razão! Vamos aguardar!

E assim estavam as coisas quando Dona Coruja voltou de sua missão de espionagem.

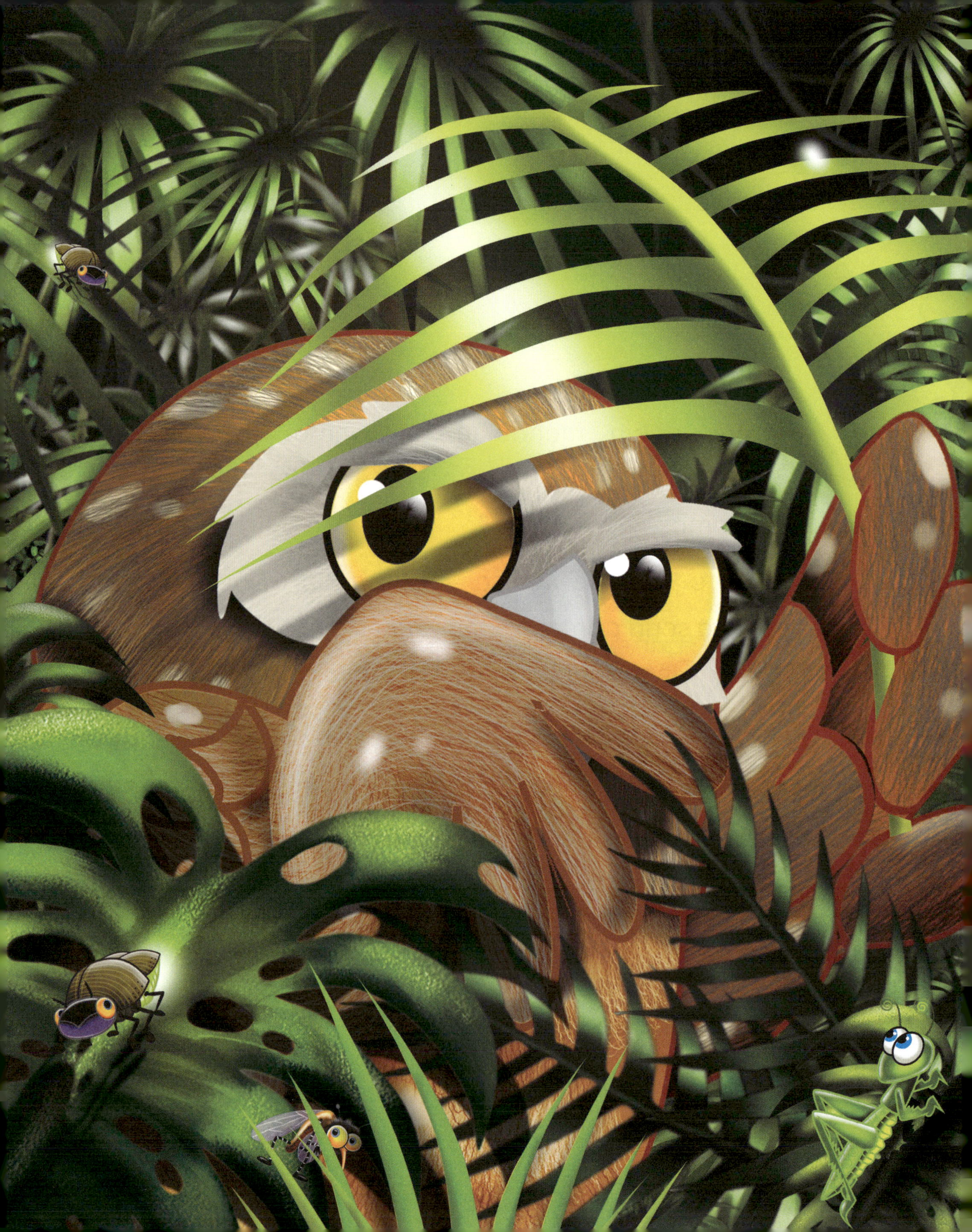

Logo que os bichos todos se reuniram na clareira do trono, o Rei Gato-do-Mato interpelou a coruja:

— E então, Dona Coruja? O que foi que a senhora descobriu?

A coruja pigarreou para limpar a garganta:

— Bem! A princípio eu pensei que os novos moradores fossem pessoas de má índole e procurei não ser vista, mas, depois do terceiro dia, mudei de ideia.

— Mas o que foi que a fez mudar de ideia? — perguntou o Rei.

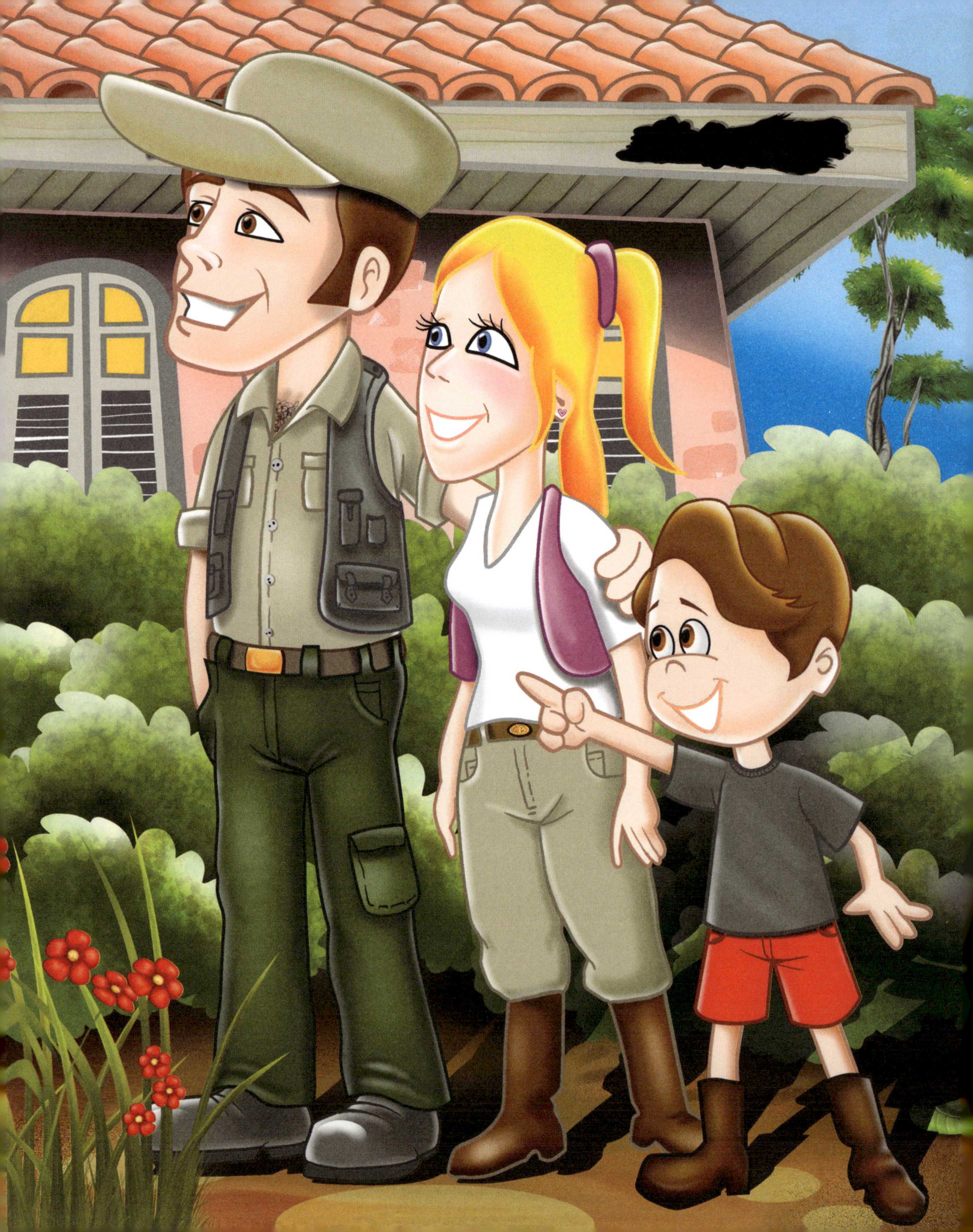

— É que eu fui vista! Um dos meninos do casal me descobriu e chamou todo mundo para me ver. Confesso que fiquei apavorada, mas eles não me fizeram mal algum. Muito pelo contrário; ficaram me admirando, e a mulher então não se cansava de me chamar de linda! Os garotos e a menina pediram para o pai fazer um comedouro, de modo que eles pudessem me alimentar. Olhem! Nunca comi tanto em minha vida, acho até que engordei! Mas isso não foi o mais importante. Imaginem que o dono da fazenda chamou todos os empregados e lhes recomendou que não me fizessem mal algum, ou ele tomaria providências; eu não sei quais, mas os empregados prometeram e, realmente, nunca fizeram nada contra mim.

— Parece ser um bom homem — admitiu o Rei. — Mas e depois?

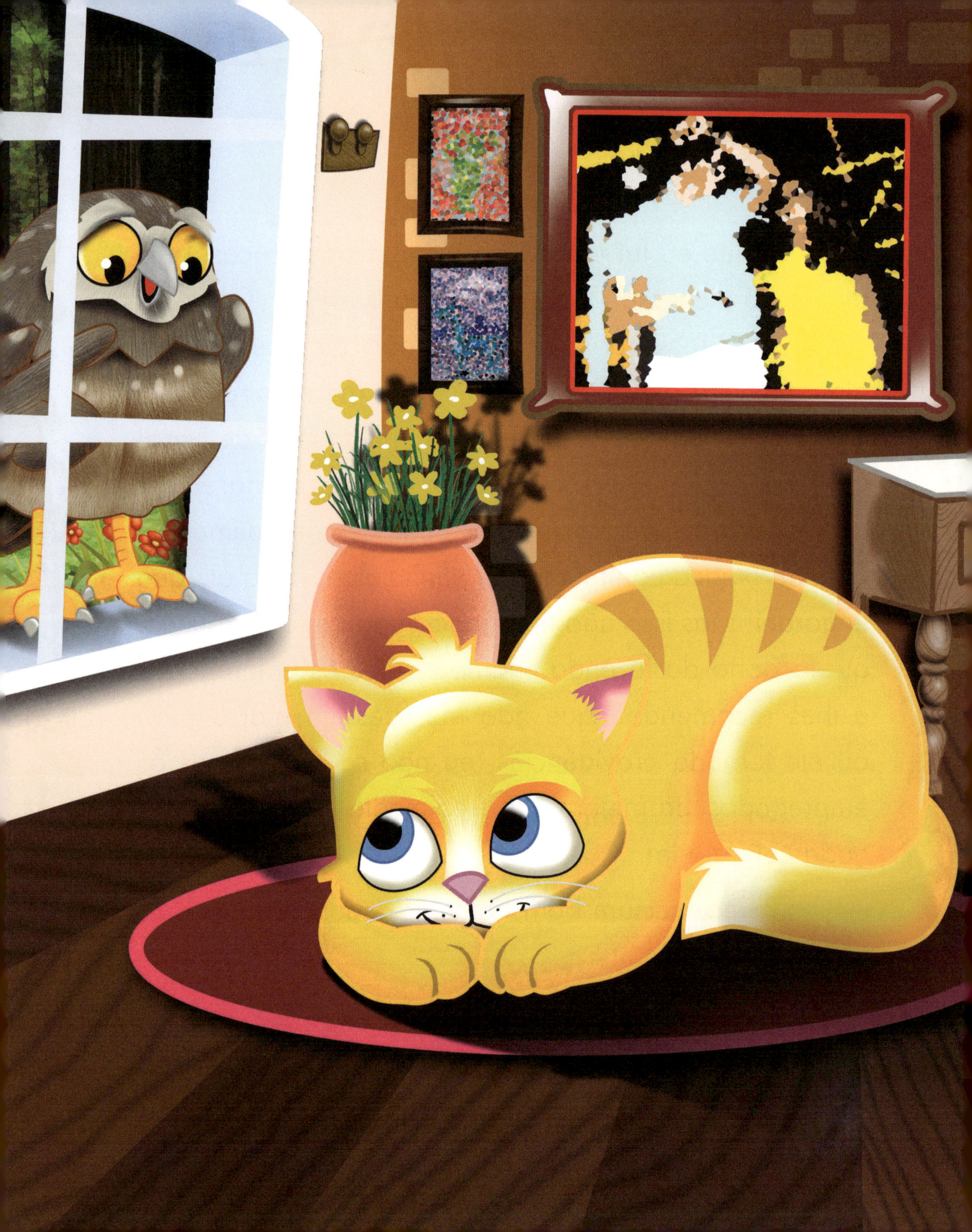

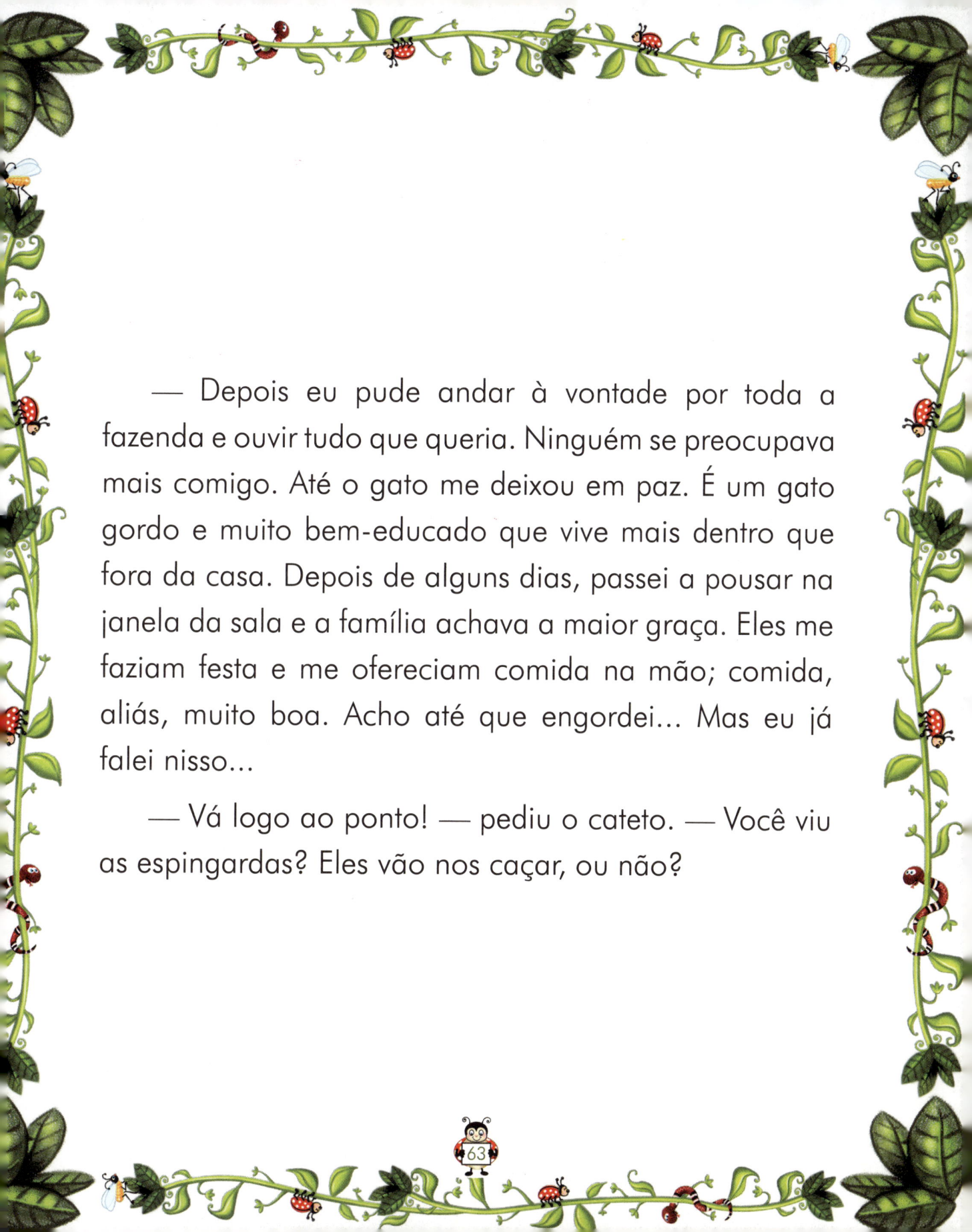

— Depois eu pude andar à vontade por toda a fazenda e ouvir tudo que queria. Ninguém se preocupava mais comigo. Até o gato me deixou em paz. É um gato gordo e muito bem-educado que vive mais dentro que fora da casa. Depois de alguns dias, passei a pousar na janela da sala e a família achava a maior graça. Eles me faziam festa e me ofereciam comida na mão; comida, aliás, muito boa. Acho até que engordei... Mas eu já falei nisso...

— Vá logo ao ponto! — pediu o cateto. — Você viu as espingardas? Eles vão nos caçar, ou não?

Zzz Zzz Zzz

— Caçar? — espantou-se a coruja. — É claro que não! As espingardas não são para caçar. Servem para fazer dormir... Calma! Calma! Eu explico! Quando algum bicho grande, uma onça, por exemplo, está precisando de cuidados, eles põem na espingarda uma espécie de espinho e atiram no bicho. E o que acontece? O bicho morre? Que nada! O bicho dorme e eles podem cuidar de uma ferida, arrancar um dente podre ou tirar os carrapatos. Depois de algum tempo o bicho acorda e vai embora sem saber o que aconteceu. Pelo que eu entendi, o dono da fazenda é ambientalista! Preocupa-se em reflorestar, com árvores nativas, uma boa parte das terras e não admite que alguém faça mal aos animais ou às plantas. Ele quer recuperar as nascentes e aumentar a reserva natural da mata. Nossa mata vai ficar bem maior e até mesmo os bichos que estão ameaçados de extinção vão ficar livres dos caçadores. Caçadores, para ele, são uma praga que deve ser combatida.

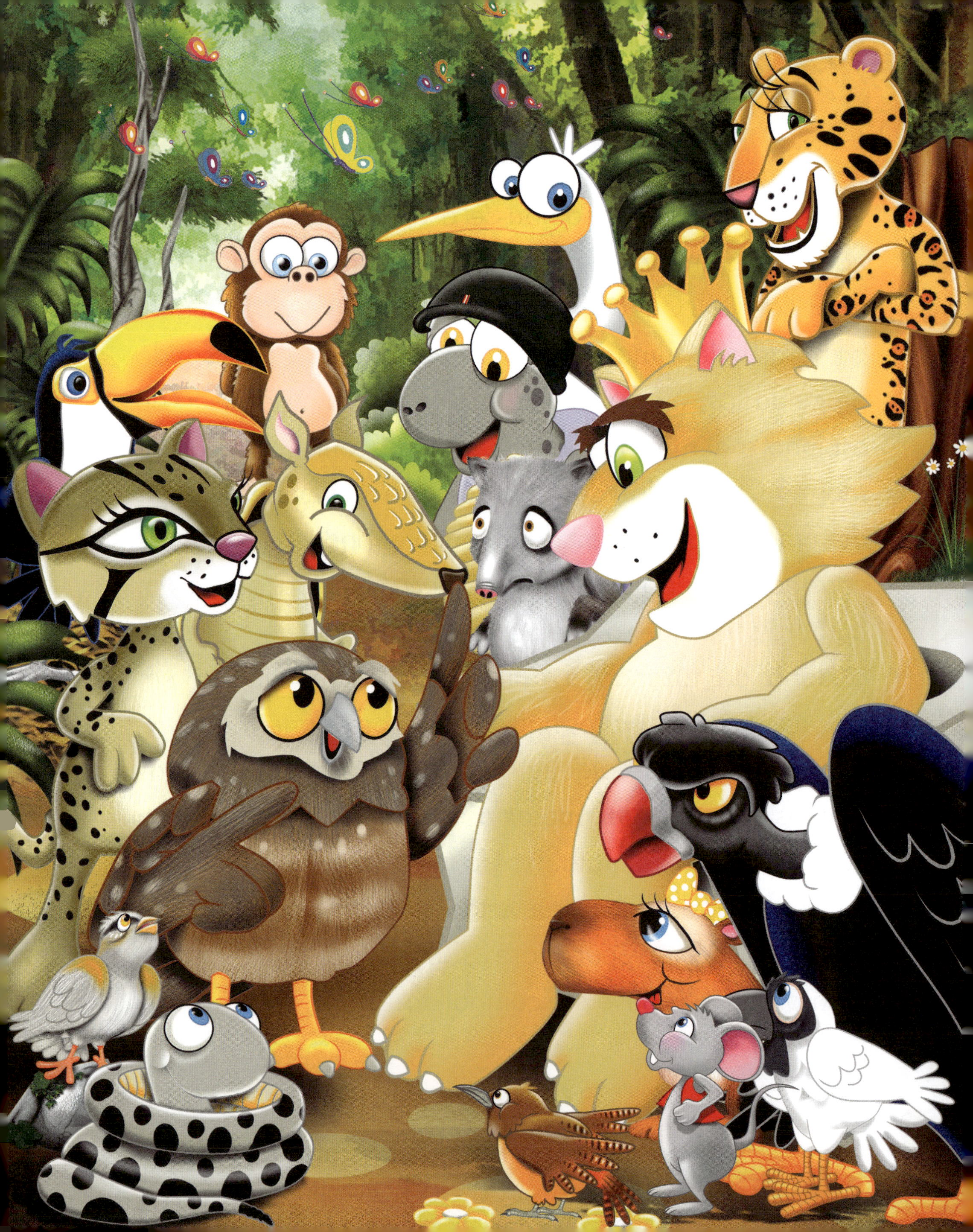

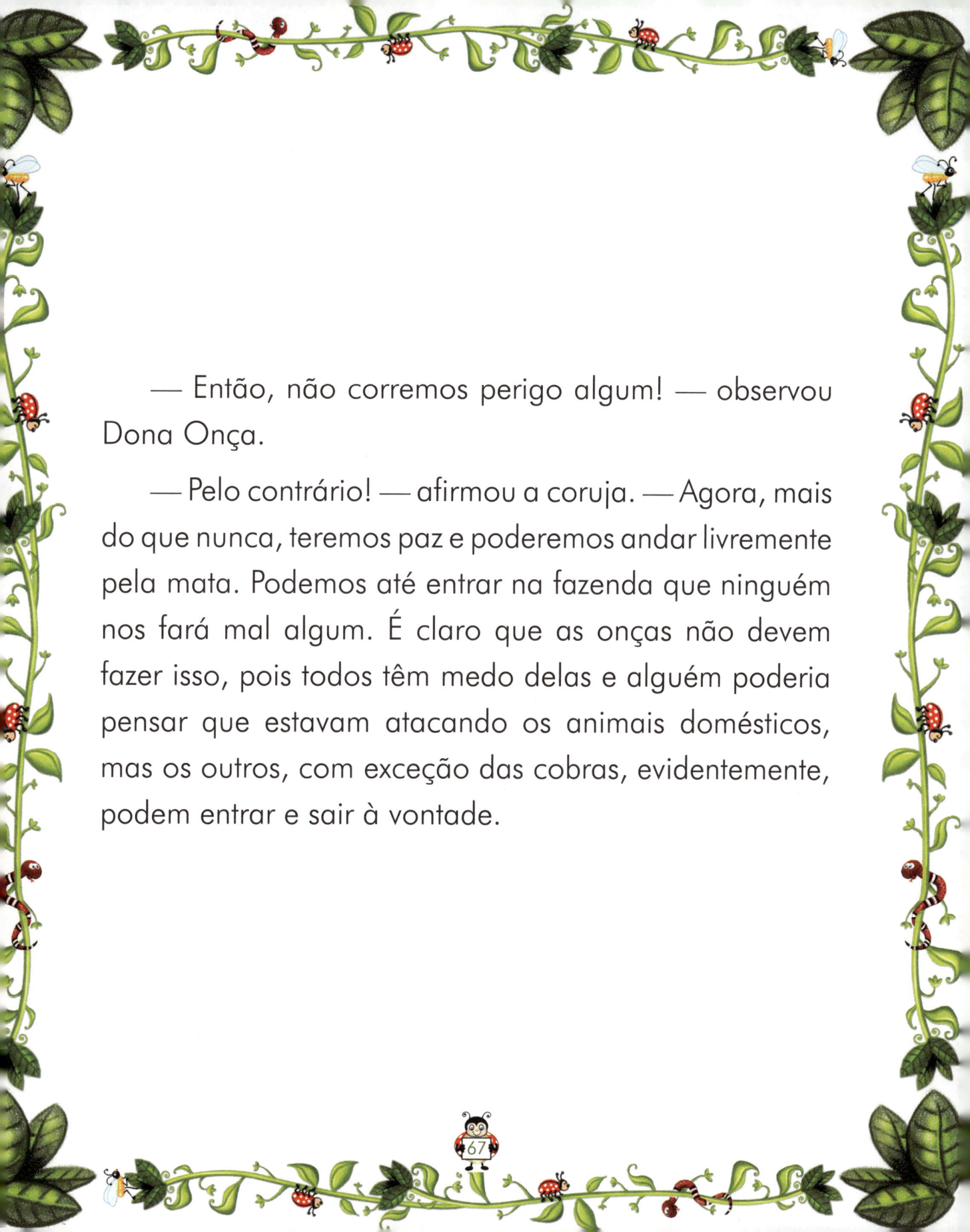

— Então, não corremos perigo algum! — observou Dona Onça.

— Pelo contrário! — afirmou a coruja. — Agora, mais do que nunca, teremos paz e poderemos andar livremente pela mata. Podemos até entrar na fazenda que ninguém nos fará mal algum. É claro que as onças não devem fazer isso, pois todos têm medo delas e alguém poderia pensar que estavam atacando os animais domésticos, mas os outros, com exceção das cobras, evidentemente, podem entrar e sair à vontade.

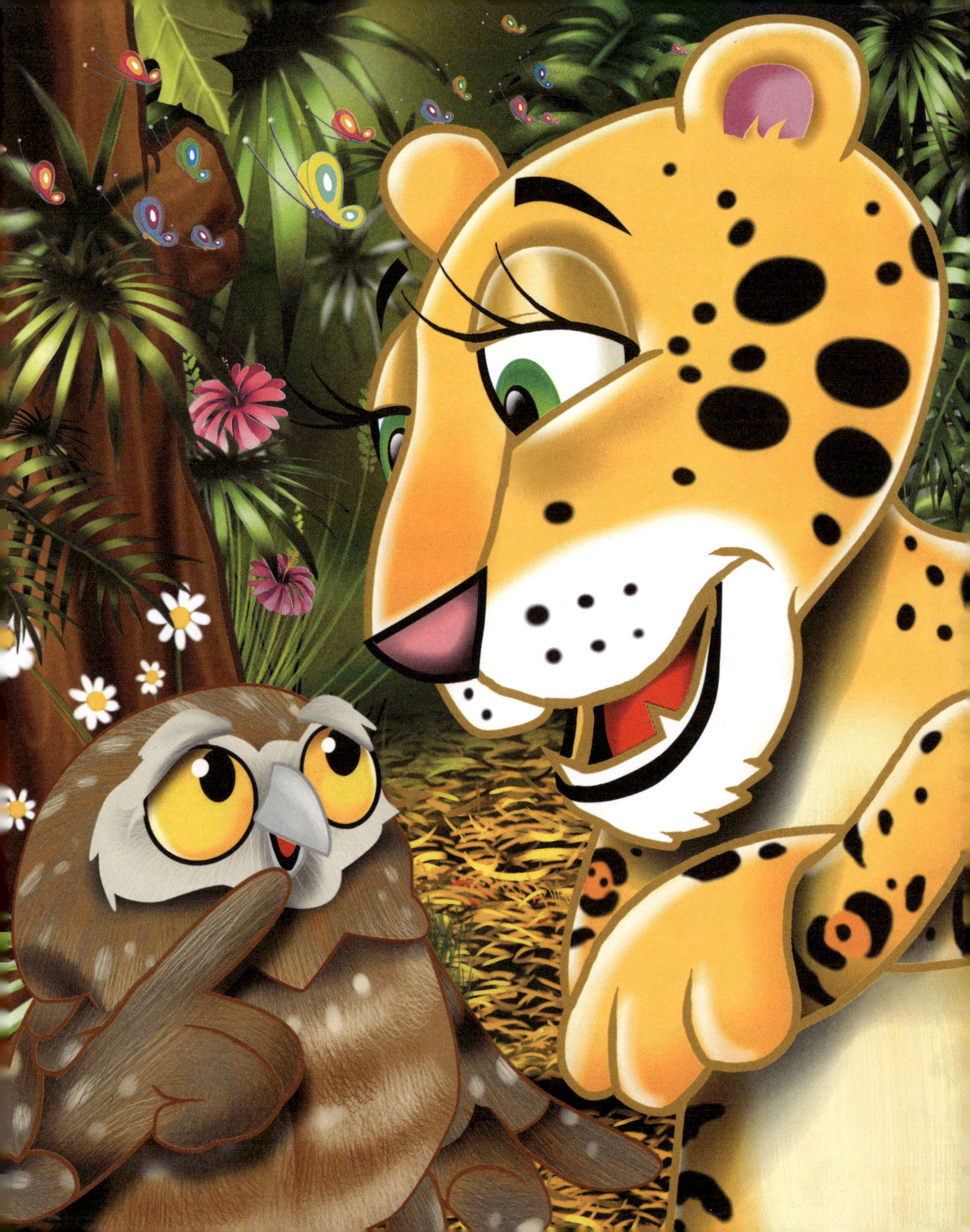

Dona Onça não se ofendeu:

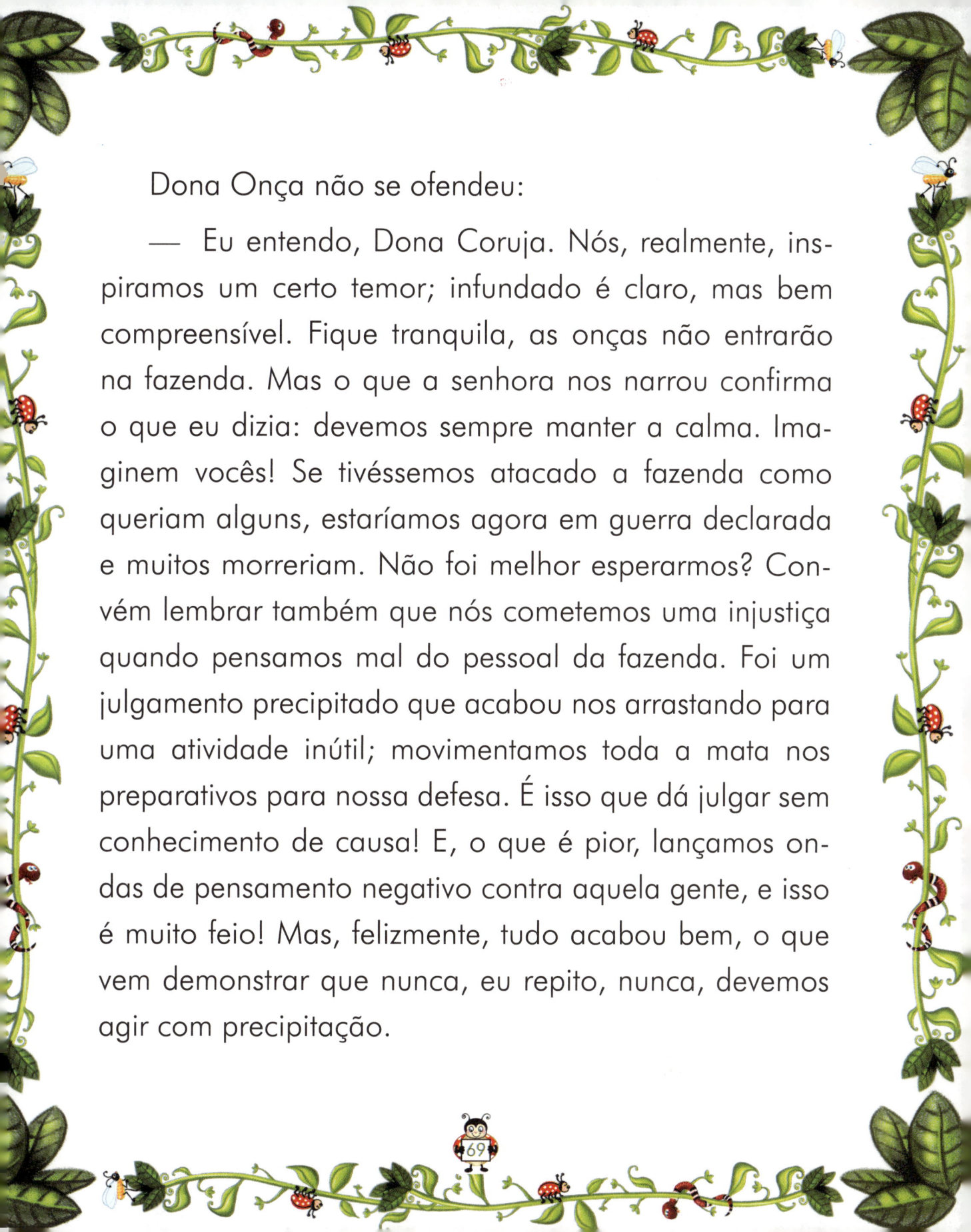

— Eu entendo, Dona Coruja. Nós, realmente, inspiramos um certo temor; infundado é claro, mas bem compreensível. Fique tranquila, as onças não entrarão na fazenda. Mas o que a senhora nos narrou confirma o que eu dizia: devemos sempre manter a calma. Imaginem vocês! Se tivéssemos atacado a fazenda como queriam alguns, estaríamos agora em guerra declarada e muitos morreriam. Não foi melhor esperarmos? Convém lembrar também que nós cometemos uma injustiça quando pensamos mal do pessoal da fazenda. Foi um julgamento precipitado que acabou nos arrastando para uma atividade inútil; movimentamos toda a mata nos preparativos para nossa defesa. É isso que dá julgar sem conhecimento de causa! E, o que é pior, lançamos ondas de pensamento negativo contra aquela gente, e isso é muito feio! Mas, felizmente, tudo acabou bem, o que vem demonstrar que nunca, eu repito, nunca, devemos agir com precipitação.

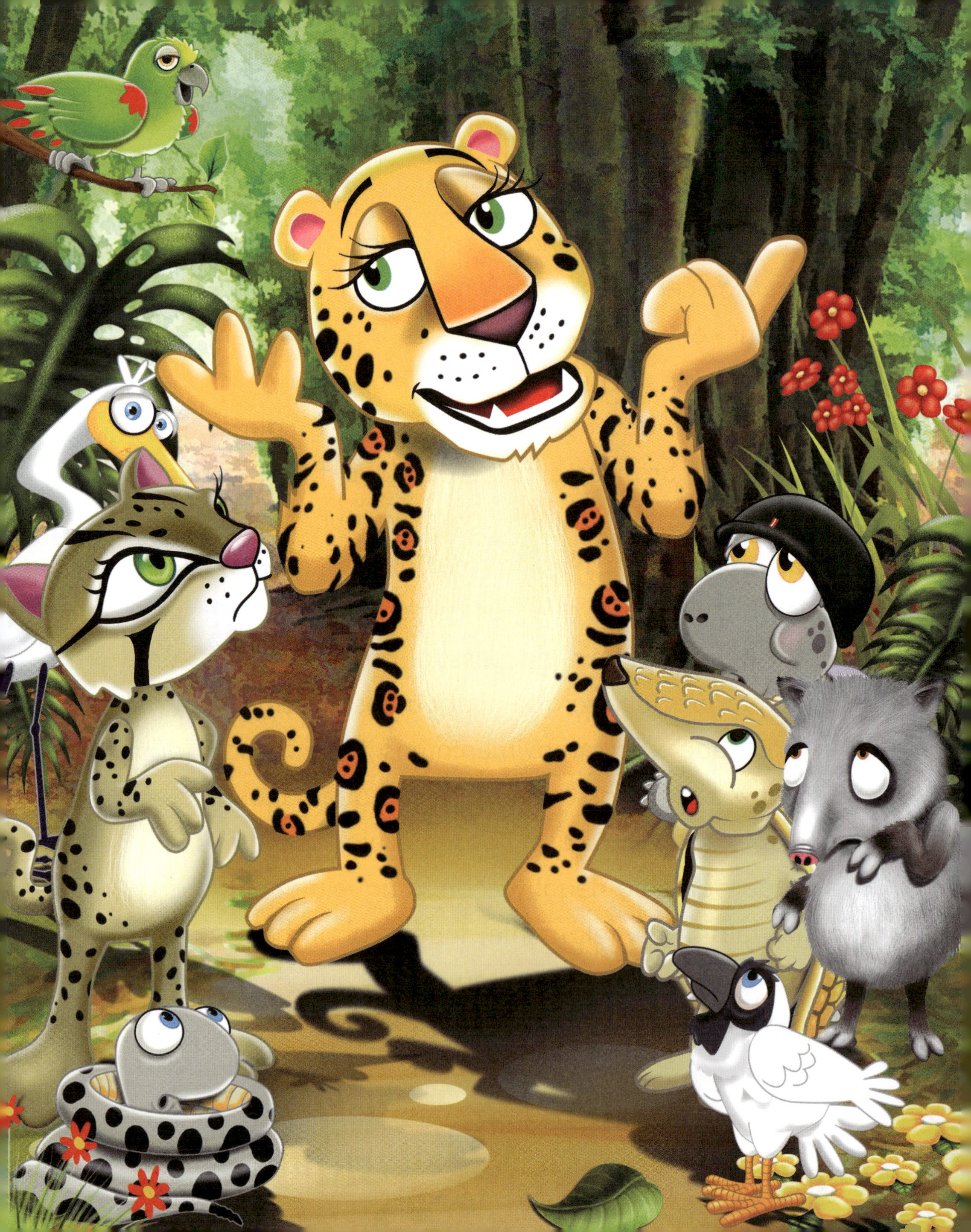

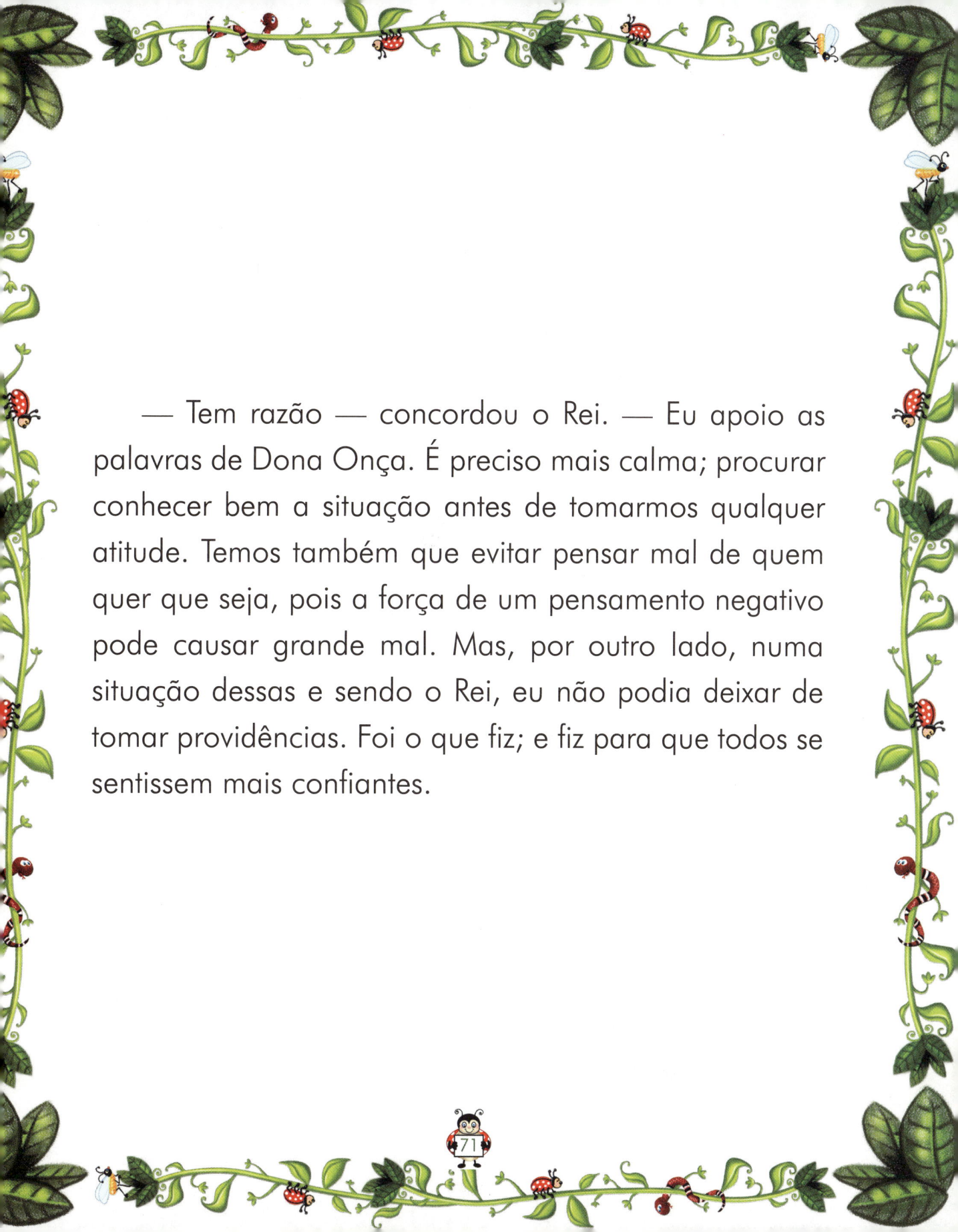

— Tem razão — concordou o Rei. — Eu apoio as palavras de Dona Onça. É preciso mais calma; procurar conhecer bem a situação antes de tomarmos qualquer atitude. Temos também que evitar pensar mal de quem quer que seja, pois a força de um pensamento negativo pode causar grande mal. Mas, por outro lado, numa situação dessas e sendo o Rei, eu não podia deixar de tomar providências. Foi o que fiz; e fiz para que todos se sentissem mais confiantes.

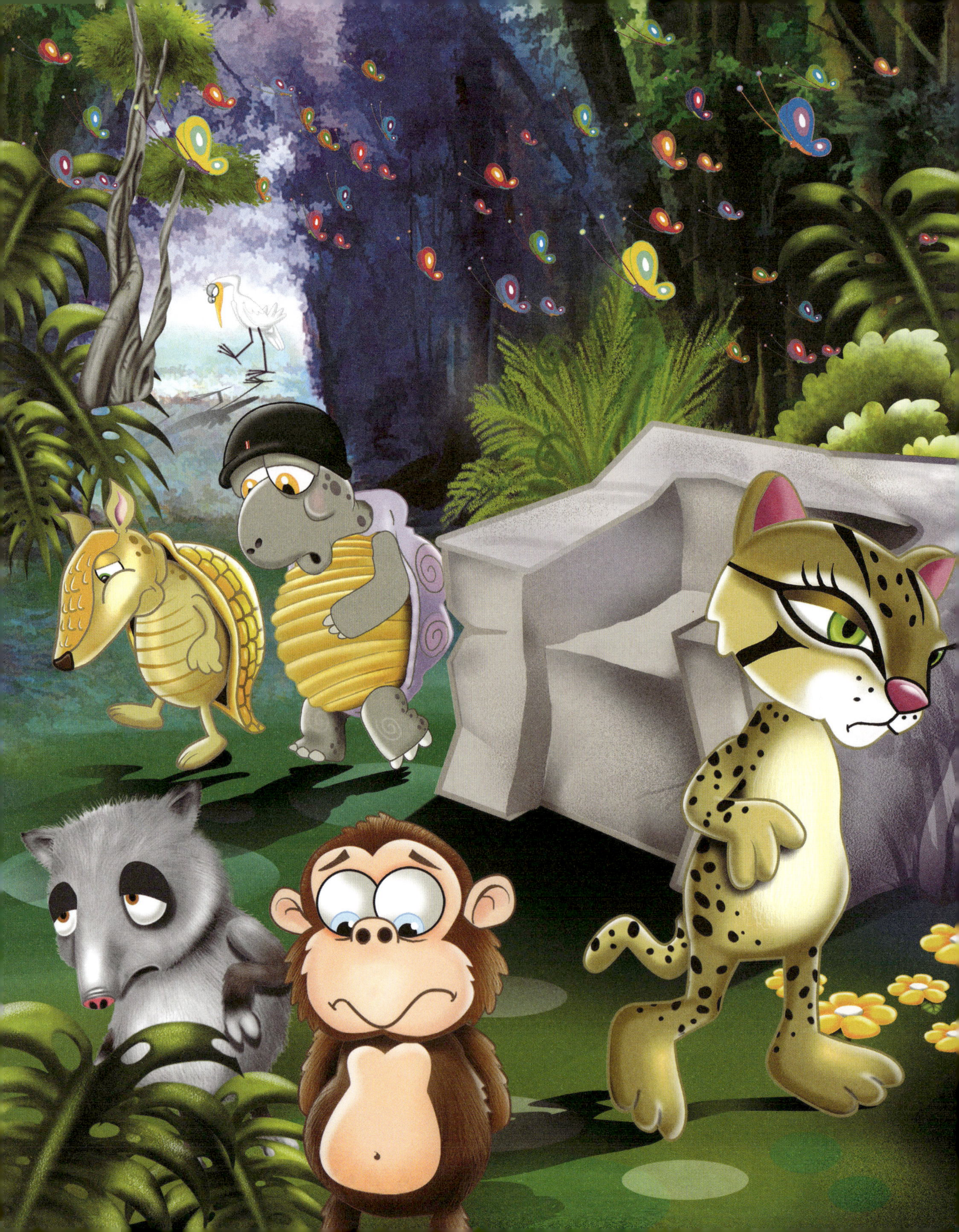

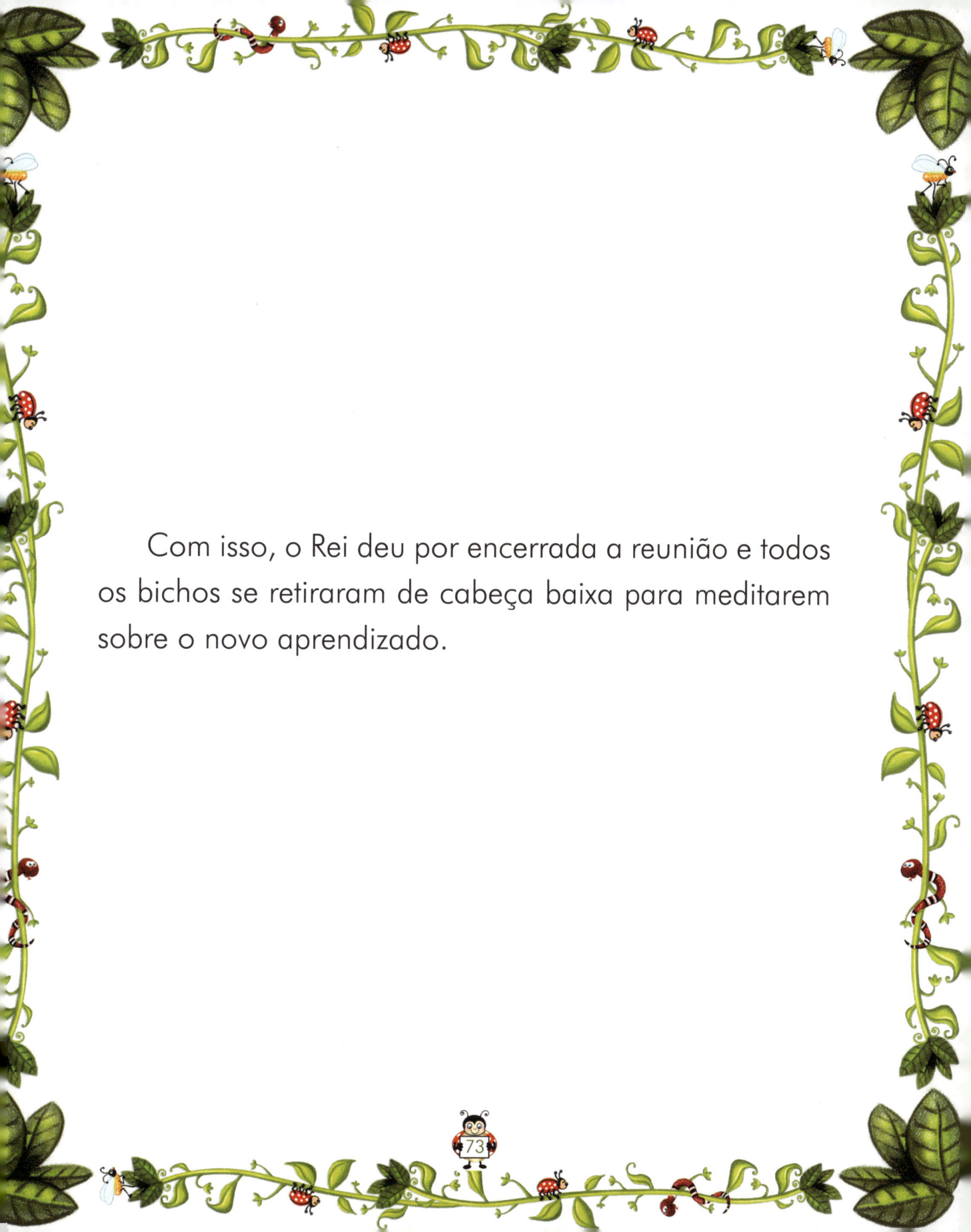

Com isso, o Rei deu por encerrada a reunião e todos os bichos se retiraram de cabeça baixa para meditarem sobre o novo aprendizado.

Para pensar:

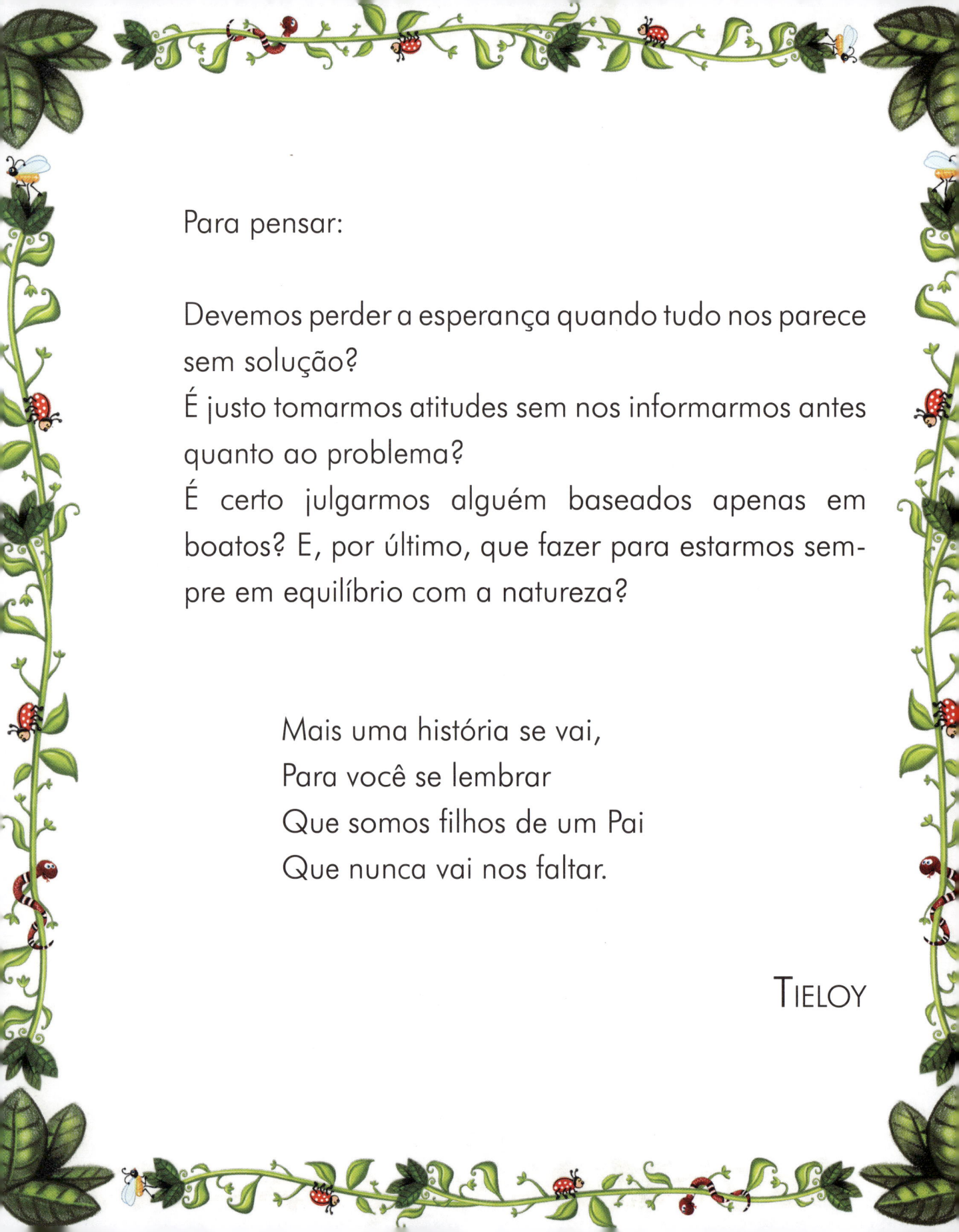

Devemos perder a esperança quando tudo nos parece sem solução?
É justo tomarmos atitudes sem nos informarmos antes quanto ao problema?
É certo julgarmos alguém baseados apenas em boatos? E, por último, que fazer para estarmos sempre em equilíbrio com a natureza?

Mais uma história se vai,
Para você se lembrar
Que somos filhos de um Pai
Que nunca vai nos faltar.

Tieloy

Na Mata do Jatobazão apareceu um velho bugio, um macaco bem velhinho que veio de muito longe para ouvir os problemas dos bichos.

E problema era o que não faltava naquela mata!

Dona Anta não queria procurar comida; a pequena oncinha sofria por ter sido abandonada; Dona Sucuri não gostava do seu corpo; o gavião queria saber a respeito das luzes do céu.

Com sabedoria e sempre respondendo na forma de versos aos que o procuravam, o bondoso macaco ensina sobre a necessidade do esforço próprio, da alegria de viver, da valorização do corpo físico, e até sobre a existência de vida em outros planetas.

O macaco conselheiro encantará crianças e adultos com sua mensagem de esperança e confiança na Bondade divina.

Conselho Editorial:
Antonio Cesar Perri de Carvalho – Presidente

Coordenação Editorial:
Geraldo Campetti Sobrinho

Produção Editorial:
Rosiane Dias Rodrigues

Revisão:
Ana Luiza de Jesus Miranda

Ilustrações, Capa e Projeto Gráfico:
L. Bandeira

Normalização Técnica:
Biblioteca de Obras Raras e Documentos Patrimoniais do Livro

Esta edição foi impressa pela Lis Gráfica e Editora Ltda., Bonsucesso, SP, com tiragem de 1 mil exemplares, todos em formato fechado de 205x245 mm. Os papéis utilizados foram o Off set 90 g/m² para o miolo e o cartão Supremo 250 g/m² para a capa. O texto principal foi composto em Futura Lt BT 18/26. Impresso no Brasil. *Presita en Brazilo.*